佐藤 寿仁 編著

主体的・対話的で深い学びを実現する

中学校数学の
授業づくり
New Theory & Practice

明治図書

JN048254

は　じ　め　に

　平成29年に新しい学習指導要領が告示され，中学校では，令和3年度より全面実施となりました。これまでの改訂においても，学習指導要領はそのときの社会の変化を捉え，社会からの要請を受けて作成されました。そのことを踏まえ，私も教育に携わる一人として何ができるのだろうかといつも自問し考えてきました。

　教育界に「アクティブ・ラーニング」という言葉が広がり，教室では，生徒の学びに大きな変化が求められるようになりました。授業内で生徒同士が活発に話し合い，問題解決する授業の実現のために，多くの先生が努力され授業改善が進められてきました。そして，今，学習指導要領の全面実施とともに「主体的・対話的で深い学び」の実現をキーワードにして，学校現場では本格的に授業改善する方向で動き始めたことを感じています。自治体における教育委員会，教育センター・研究所が主催する研修会，校内の自主的な研究会，各地区における勉強会など，様々な場所，場面で主体的・対話的で深い学びの実現のためにできることは何かについて語られるようになりました。日本の教育は，こうした熱心な先生による行動や活動によって，豊かなものとなっているのだなと思います。

　私はこれまで，中学校数学を担当する教師として公立学校，大学附属学校で授業をし，さらに教育委員会の指導主事を経験しました。その後，国立教育政策研究所において学力調査官として全国学力・学習状況調査（以下，「全国調査」）に関わり，仕事をさせていただきました。そのときに，全国各地の多くの先生との出会いがあり，中学校数学の授業についてお話をすることができました。「全国調査」についても様々なご意見をいただき，それを傾聴することに努めてきました。単に点数を上げるための対策ではなく，よい授業をすることで生徒たちに育成すべき力を付けてあげることが大切だということを，よくお話させていただいたことを思い出します。

「深い学びとは，『全国調査』の問題のようなものを解く，ということでしょうか？」

　時々，現場の中学校の先生からこのような質問を受けることがありました。素直でとてもよい質問だと思います。もちろん「全国調査」の問題は，生徒が数学的に考えることを重視し，数学的表現でもって伝えることを評価するものですから，深い学びにはつながるものであります。題材や教材としての側面で考えても，同様のことがいえると考えられます。「全国調査」で取り上げられる問題については，中学校数学だけでなく，他の教科においても児童・生徒の学びを考え，作成されています。方向としても合っているだろうと思います。ただ，一歩間違

えれば，「授業等で『全国調査』の問題を取り上げれば，深い学びになる」といったようにも聞こえてしまい，複雑な気持ちになることがありました。

　これが深い学びであるとは，誰も説明していないのではと思います。学習指導要領においても，主体的・対話的で深い学びの実現に向けた授業改善の視点として取り上げてはいますが，その具体が何かなどについてはあまり書かれていません。あくまで，これからの教育を確実なものとするための教師の授業改善の方向性でしかないのです。だからこそ私が強く思うのは，主体的・対話的で深い学びの実現に向けた授業改善を進めていくために，どのようなことから始めていけばよいのかについて，授業づくりを通して考えていくことが必要であるということです。

　本書では，主体的・対話的で深い学びを実現する中学校数学の授業づくりをどのように進めていくかについて，3つの章で示します。

　第1章では理論編として，これまでの「全国調査」の内容や結果を踏まえながら，指導改善と充実について考えていきます。今，どうして指導改善・充実が求められているのか，そして，そのためにできることは何か，などを取り上げます。

　第2章では実践編として，主体的・対話的で深い学びを実現し，生徒の今求められている力を育成するための授業例を取り上げます。「授業が大好き」という12名の先生に，具体の実践として主体的・対話的で深い学びのある授業について紹介いただきます。実践の紹介の後には，私が主体的・対話的で深い学びや，指導と評価についてのポイントについて解説をさせていただきます。なお，紹介する第1，2学年の実践例は，過去の「全国調査」の実施問題を題材として取り上げたものになっております。授業で「全国調査」の問題を取り上げればよいということでなく，授業づくりの取組の一つとしてみていただけるとよいと思います。

　最後に第3章では総括編として，第1，2章を踏まえ，これからの授業づくりとその実践についてまとめていくとともに，これから教壇に立つ先生，経験を積み活躍が期待される若い先生たちが生徒と数学で向き合って実践することができるような授業づくりについて紹介します。

　本書は単なる授業のネタ本ということではなく，生徒たちにとっての学び，そして，学校での授業が豊かなものになることを願い，役立つものになることを期待しています。最近はどの自治体においても，教職経験が浅いといった若い先生が多くなってきていると聞きます。経験も大切ではありますが，自ら学び，よりよいものを求める教師になることには年齢は関係ありません。悩みながらも前進しようとする若い先生にも，明日からの授業にすぐ使えるようにと考えて作成しましたので，最後まで読んでいただけたらと思います。

令和3年11月

佐　藤　寿　仁

Contents

■ B 図形

■ C 関数

■ D　データの活用

第3章

これから求められる中学校数学の授業とは New Vision

第1章

主体的・対話的で深い学びを実現する

授業づくり New Theory

(1) 求められる指導の改善と充実

　第1章では【理論編】として，主体的・対話的で深い学びを実現するような授業をどのように捉え，そして，授業づくりをどのように進めていけばよいかについて紹介します。

　新しい学習指導要領が中学校において全面実施となりました。このことを受けて，今求められる指導の改善点はどのようなところにあるのでしょうか。また，指導について，さらなる充実のために教師は何に取り組むとよいのでしょうか。「全国調査」を取り上げながら示していきます。それから，中学校数学における主体的・対話的で深い学びについて，深い学びから考えることとし，それに向かうための「生徒の主体性」，「生徒による対話的な活動」を具体的に取り上げます。数学の授業において，深い学びに向かう主体性や対話のある授業，生徒の姿はどのようなものであればよいのでしょうか。

□ 学習指導要領（平成29年告示）で何を目指しているのか

　中学校学習指導要領（平成29年告示）（以下「学習指導要領」）では，「生きる力」を理念としつつ，その具体化として生徒たちに育成すべき力としての資質・能力を，次のような三つに整理しています。

　ア　「何を理解しているか，何ができるか」
　　　（生きて働く「知識・技能」の習得）
　イ　「理解していること・できることをどう使うか」
　　　（未知の状況にも対応できる「思考力・判断力・表現力等」の育成）
　ウ　「どのように社会・世界と関わり，よりよい人生を送るか」
　　　（学びを人生や社会に生かそうとする「学びに向かう力・人間性等」の涵養）

　このことは，学校教育法第30条第2項に示されている「学力の三要素」にも対応するとみることができ，国の教育として目指すものが明確になったと考えられます。また，この資質・能力の三つの柱を受けて，観点別学習状況の評価の観点についても，これまでの「関心・意欲・態度，思考・判断・表現，技能，知識・理解」から「知識・技能，思考・判断・表現，主体的に学習に取り組む態度」の三つに整理されました。学力の三要素と三つの資質・能力，そして，観点別学習状況の観点の三つについての対応をみるとその結び付きの強さを感じ，「指導と評価の一体化」について求められているのだと考えます。

　もちろん，指導と評価の一体化については，これまでもその重要性について述べられてきたところであります。中学校数学においても，目指す目標について三つの資質・能力として具体的に示されており，3年間で何を育成するのかについて明確になったといえます。

この三つの資質・能力について，私が初めて知った際，

「生きて働く…」

「未知の状況にも対応できる…」

「学びを人生や社会に生かそうとする…」

ということが添えられていることに気が付いたとき，思わずはっとしたことをよく覚えています。資質・能力というときに，「知識及び技能」「思考力，判断力，表現力等」「学びに向かう力，人間性等」の箇所のみを話したりすることはないでしょうか。添えられている「生きて働く…」「未知の状況にも対応できる…」「学びを人生や社会に生かそうとする…」ということ全てにおいて，私は未来志向を感じました。つまり，私たちが毎日行っている授業によって，目の前の生徒が未来を創ることができるかどうかが決まるのではないかということです。

　「知識注入型の教育」という言葉をあまり聞かなくなって大分経つと思いますが，授業において教師が指導内容について一方的に伝え，そのことを再現することができるかどうかのみで評価をすることと比べると，かなりかけ離れています。学校の授業での学びを通して，生徒は未来をみているでしょうか。そのような授業になっているでしょうか。このようなことを「学習指導要領」から感じるとともに，中学校数学の授業が果たす役割について考え，これからの授業についてどうあるべきかを考える必要があるのではと考えます。

☐ 問題解決の過程を遂行するのは誰なのか

　「学習指導要領」や中学校学習指導要領（平成29年告示）解説【数学編】（以下，「解説」）において示された数学科の目標をみると柱書には，

> 　数学的な見方・考え方を働かせ，数学的活動を通して，数学的に考える資質・能力を次のとおり育成することを目指す。

とあります。この柱書については，小学校算数，高等学校数学においても同様に記載され，校種を越えて目標を共有し，12年間にわたって学びをつなげることが重視されているのが分かります。

　柱書には「数学的活動を通して」とありますが，数学的な資質・能力を育成するために，問題発見・解決の過程を遂行するといった数学的活動を重視し，平成20年学習指導要領での数学的活動に比べ，さらなる充実について求められているといえます。数学的活動については，「事象を数理的に捉え，数学の問題を見いだし，問題を自立的，協働的に解決する過程を遂行する」ことであるとし，生徒が目的意識をもって主体的に取り組む数学に関わりのある様々な営みとしています。

また，この活動における問題発見・解決の過程のイメージとして，図1のように示されています。

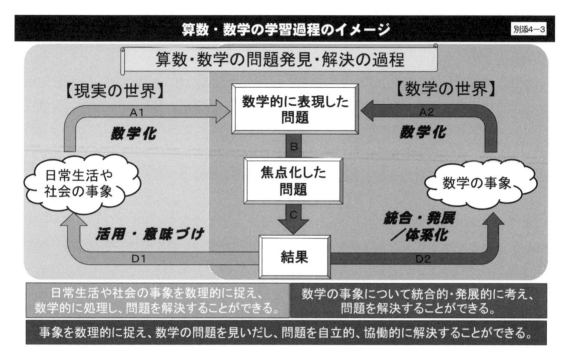

図1　問題発見・解決の過程（中央教育審議会「幼稚園，小学校，中学校，高等学校及び
特別支援学校の学習指導要領等の改善及び必要な方策等について（答申）」平成28年）

　数学での問題解決を，【現実の世界】【数学の世界】という事象や状況の中で進めるものとして表されています。この過程について，型のようにして捉え授業を計画するのでなく，あくまで生徒が主体的に取り組む営みとしているところに留意することが必要です。つまり，この過程を回すのは教師ではなく，生徒であるということなのです。

　だからといって，教師が何もしないということではなく，生徒がこの問題解決の過程を一周，二周と回していくために，生徒が数学的に考えることや数学的に表現することなどの数学での行為について，発問などを通して促すことが大切です。過程の中で，「日常生活や社会の事象」もしくは「数学の事象」に始まり，「数学的に表現した問題」「焦点化した問題」「結果」というのを場面のように捉えることができますが，注目したいのはそれらをつないでいる矢印です。この矢印が示すものは，問題発見・解決の過程を遂行しようする生徒の主体性であり，数学での前向きで力強い姿を指すのではと考えます。

　例えば，「A1」と記された矢印については，日常生活や社会の事象に出会った生徒が事象を数理的に捉えることで数学の舞台にのせるといったことが考えられます。事象に着目すべき数量やその関係を見いだすことや問題解決をするためには，どんな数学で解決できそうか検討することなどがあります。

数学の舞台にのせることを教師が行ってしまっては，生徒は問題意識もなく，受け身となる授業が展開されることでしょう。教師は，問題発見・解決の過程を遂行する生徒の姿を想像し，どのような数学で向き合おうとしているかを重視すべきです。問題解決をするのは，学習者である生徒なのだということを大切にした授業づくりが求められているのです。

□「数学的に考えること」を発動させる原動力は何か

　生徒が問題発見・解決の過程を遂行するために必要なことは何でしょうか。もちろん，授業等において，一生懸命に取り組む熱意や学習を頑張ろうとする情意的側面といったことも大切ではあります。

　ピアジェ（1998）は，次のように述べています。

> 　行為はエネルギー的側面と構造的側面を持っている。前者は感情であり，後者は認識である。

　この構造的側面が認知であるとすれば，数学で問題解決をする行為に必要なのは，認知を始動するようなエネルギーとしての数学的な態度について考えなくてはならないのです。

　また，片桐（1988）は，次のように述べています。

> 　数学的な知識・技能を支え，発動させる数学的な考え方がいかに重要であり，その育成のために，これを支え，これを発動させるものとしての態度の育成が欠かせない。

　問題解決の際に，数や図形において，数量やその関係を捉えようとすること，調べたことを数学的に表現しようとすること，事柄を説明するために論理的に考えようとすることなど，数学的に考えるためにはこういった数学的な態度が必要ですし，授業等で鍛えていくことが大切であると考えます。数学科の目標の柱書にある「数学的な見方・考え方を働かせ」にもつながるところです。

　「解説」において，数学的な見方・考え方について，

> 　事象を，数量や図形及びそれらの関係などに着目して捉え，論理的，統合的・発展的に考えること

としていますが，これを働かせることで数学での問題解決を自立的に進めることができ，学びの主体性にもつながると考えられます。

　片桐（1988）は，数学的な態度について，次のようにまとめています。

1．自ら進んで自己の問題や目的・内容を明確に把握しようとする
2．筋道の立った行動をしようとする
3．内容を簡潔明確に表現しようとする
4．よりよいものを求めようとする

　この態度は，数学的な考え方と密接に関わっているのではないかと考えます。例えば，3の「内容を簡潔明確に表現しようとする」については，数学的な表現を用いて簡潔・明瞭・的確に表すという数学的な考え方に関わるところではないでしょうか。つまり，数学的に考えることに数学的な態度が関わっているということであれば，生徒が数学の授業において，よりよく考え問題解決するためには考えようとする態度について重視しなければならないということなのです。

　こうした態度について，生徒が最初からもっている姿勢であるとはいえないのではと考えます。授業等における，これまでの問題解決の経験もあるのではないかと思います。また，授業においての教師の発問が大切ではないでしょうか。教室には教師の指示だけが響き渡るような授業では，生徒は自ら問題を見いだして，数学的に考察し問題解決をするとは考えられません。数学的に考えることで問題解決する際の，この数学的に考えることを発動させる原動力としての生徒の数学的な態度について具体的に考えていくことも，指導の改善・充実には求められているのです。

□ 主体的・対話的で深い学びの実現で大きく変わる授業

　求められる指導の改善・充実のために，三つの資質・能力について明確に捉え，数学の授業における問題解決の過程を遂行するのは生徒自身であることとし，生徒の数学的な態度とそれに密接な関係にある数学的な考え方を重視することを述べてきました。

　「学習指導要領」で求められている主体的・対話的で深い学びの実現に向けた授業改善の推進については，多くの学校で取り上げられており，毎日の授業を改善していこうという取組がされています。そうした学校に訪問し，授業を参観することがあるのですが，この捉えに温度差があるように感じることがあります。特に，深い学びについての"深さ"が何を指しているのかということについては，ずいぶんとあいまいではないかと思うことがありました。授業についての研究協議会に参加すると，

　「主体的な姿として，一生懸命に授業に参加していてよかった」

　「対話的ということについて，グループ活動の時間やグループの構成人数が適当であった」

などを共有するといった場面をみます。

　参観した研究授業は数学だったのにもかかわらず，その数学，または数学教育での授業の振

り返りがされていないことがあります。

　深い学びについて「解説」では，

> 深い学びの鍵として「見方・考え方」を働かせることが重要になること

とあり，各教科等を学ぶ本質的な意義の中核をなすものと書かれてあります。
　何か特別な指導法について取り上げることではなく，通常行われている学習活動の質を向上させることだともあります。つまり，数学における教科教育の意義を確認するとともに，数学的に考えることについて教師がしっかりと捉える必要があります。
　例えば，第2学年「A　数と式」領域において，

> 連続する3つの整数の和は，3の倍数になる

ことを数学的に説明する場面で考えます。
　その場面では，文字式を用いての説明を書くことができるかどうかということだけでなく，連続する3つの整数について，具体的に計算して成り立つ事柄を予想するといった帰納的に考えることや，文字式を用いて説明するに当たって，3の倍数となるかどうかを確認するために文字式を3×（整数）となるように変形すればよいといった構想を立てたりして，文字式での説明を記述するという一連の問題解決を生徒が遂行することに，深い学びがあるのではと考えます。
　ここで重要なのは，数学の授業における深い学びを，生徒が問題解決をする際の数学で考察する具体の姿で捉えることにあります。そして，その深い学びに向かう生徒の主体的な姿や，問題解決に至るために必要な数学での対話についても具体化され，数学の授業において生徒が中心となり，教師は発問により生徒の数学への試みを促すことや数学的な考えを引き出すことにもなるのではないでしょうか。そして，その深い学びは，数学で考えることのよさの感得にもつながり，数学の授業での濃密な学びとなることが考えられるのです。

　数学の学びにおける"深み"を捉えることで，そこに向かうための数学的な態度として主体性と数学的な考え方を交わし合い，他者とよりよく考えていく数学についての対話の具体がイメージされ，主体的・対話的で深い学びが実現するのです。こうして，学習者のための授業に変わるのです。

(2) 数学の授業で考える学びの "深まり"

　主体的・対話的で深い学びを考える際に，私たち教師の深い学びについての捉えが大変重要であるということを述べてきました。ここでは，実際に中学校数学での深い学びについて考えるために，授業での学びの "深まり" のある生徒の姿として，次の二つのように考えました。

① 数学的に考え問題解決する生徒の姿

② 問題発見・解決する過程を遂行する生徒の姿

　この二つの生徒の姿について，具体的な問題解決の場面やその過程で示しますが，その際に取り上げる数学的な問題は「全国調査」からとします。これまでの「全国調査」を活用するということですが，ここで扱うのは正答率の高低や全国値と各自治体との比較ということではなく，問題や調査結果から考えることができる生徒の学びの様相や授業です。また，数学の授業において「全国調査」の問題を取り上げれば，深い学びとなるということではありません。

　なお，「全国調査」の問題，解説資料等の資料については，文部科学省国立教育政策研究所のホームページに掲載されており，どなたでもダウンロードすることができます。次の URL，もしくは2次元バーコードを読み取りご覧ください。

2次元バーコード

文部科学省国立教育政策研究所掲載ページ URL
https://www.nier.go.jp/kaihatsu/zenkokugakuryoku.html

① 数学的に考え問題解決する生徒の姿

　問題解決するために数学的に考えるということは，数学的な考え方を生徒が発動させて，問題解決に向かう姿でありますが，問題解決のためにどのような数学的な考え方を期待するのか，もしくは評価しようとしているのかということについて明確にする必要があります。

　先生が授業を計画される際に，「指導目標」「評価規準」というものを設定されると思います。また，学校などで行われる研究授業ではこの二つを必ず明記します。指導目標と評価規準が，ちぐはぐで結び付かないといった関係になることで，どこを目指しているのか分からない授業をみることがあります。

　また，指導目標で望む生徒の姿があいまいで，問題解決を終えたとしても数学の学びとして振り返るものがない，といった授業もあります。授業づくりには，指導目標と評価規準が一体的となっているということだけでなく，数学的に考える生徒の姿をより具体的に捉える必要が

あるのではないかと考えます。それによって，発問や指導の手立てについても具体的になり，よい授業をつくることができるのです。具体的な例で考えてみましょう。

●事柄が成り立つ理由を説明し，それを数学的に表現すること

中学校数学では，第１学年において文字が導入され，文字を用いた式を計算したり，変形したりして考察する学習を進めていくことになります。文字を用いた式を的確に計算するだけでなく，数量や数量の関係について文字式で表現する，表された文字式を読み数量やその関係について事象に即して解釈するなど，文字を用いて考えることのよさを感得することを大切にして指導することが大切です。

平成30年度調査問題B②では，成り立つ事柄を数学的に表現することや事柄が成り立つ理由を説明することを趣旨としています。問題としては，３つの計算について，計算の例の結果をもとに立てた，「はじめの数としてどんな整数を入れて計算しても，計算結果はいつでも４の倍数になる」という予想が成り立つかどうかを数学的に説明するというものです。

はじめの数をいろいろに変えて計算結果を考え，４の倍数であることを考えることは，帰納的に考えるといった数学的な推論ではありますが，整数がたくさんあることから，「いくつかの整数だけで考えたとしても整数全てで成り立つとは言い切れないことを見いだすこと」「文字を用いた式を知っている自分たちに，事柄が成り立つことについて，よりよく説明することはできないかを考えること」は学びの“深まり”のきっかけとなる大切な場面です。

文字式を学んでいるから文字式を使うということでなく，文字式を使うことでいつでも４の倍数になることを一般的にいえるかどうか説明することができないか，という問いの発生でもあります。実際の授業では，この説明を生徒が記述することには困難さを示すことが予想され，どのような手立てをもって授業に臨むかについ

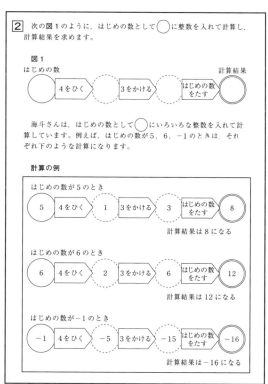

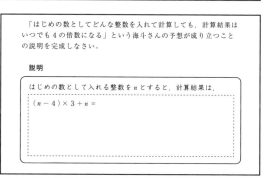

図２　平成30年度調査問題B②

て，よく考える必要があります。様々な手立てが考えられるとは思いますが，生徒と教師のやり取りをする際の発問について吟味することや，生徒の反応に対して次なる思考を促す問い返すことの想定については，特に大切なことですし，しっかりとした準備をするべきではないでしょうか。そのために，まずこの問題解決において必要と考えられる数学的な表現について整理してみます。

$(n-4) \times 3 + n$
$= 3n - 12 + n$
$= 4n - 12$
$= 4(n-3)$

　$n-3$ は整数だから，$4(n-3)$ は 4 の倍数である。したがって，はじめの数としてどんな整数を入れても，計算結果はいつでも 4 の倍数である。

　　【この問題解決において学びの"深まり"につながる数学的な表現】
　表現① 「はじめの数としてどんな整数を入れて計算しても，計算結果はいつでも 4 の　　　　　倍数になる」といった"事柄の説明"について記述していること。
　表現② 「4 の倍数になる」ことが，いつでも成り立つことを文字式で確認すること。　　　　　その際，得られた文字式を計算することで得られた数学的な結果である $4n-12$　　　　　が，4×(整数) として解釈できるよう変形していること。
　表現③ 変形して得られた $4(n-3)$ について，$n-3$ が整数であることを根拠として　　　　　明示し，4 の倍数を表していることについて，"理由の説明"として記述すること。

　生徒は問題解決をするために説明することの必要性について，理解をして問題解決を進めていると思います。しかし，授業をみていますと，手が止まってしまう生徒も多くいます。これは，数学的にどのように表現することで説明したことになるのかが，よく分からないためではないかと考えます。問題解決することに努めている生徒に対して，「頑張りましょう」と声をかけても，数学での頑張り方がよく分からない生徒にとっては，大変つらい言葉にしか聞こえないのではないでしょうか。本問題において問題解決をするときに，"説明する"ということについて，教師が教材研究と授業づくりでしっかりと検討しておくことが大切なのです。

　表現② のように，文字式を計算して $4n-12$ という結果について出すことはできたものの，そこから進めることができなくなってしまう生徒がいます。こうした生徒は，今，何を明らかにしようとしているのかという問題解決の対象を見失っていることが多いです。その際に教師が答えを一方的に伝えるのではなく，4 の倍数になるという事柄の予想について振り返ら

せることが考えられます。4の倍数になることを示すためには、4×（整数）で表せられればよいことを確認することで、目的意識をもって式を変形できるようになるのです。

　表現③は、「はじめの数としてどんな整数を入れて計算しても、計算結果はいつでも4の倍数になる」ということを説明するために、4の倍数になることの理由を説明するものです。目的に応じて $4n-12$ を変形して得られた $4(n-3)$ が4の倍数になるかどうかについて、どのようなことに帰着させて考えればよいかを確認し、それが4×（整数）となっているとみてよいかどうかを判断するといった場面を設定することが大切です。

　表現②、表現③について表現することができるように促し、最後に、どのようなことがいえるのかを問うことで、「はじめの数としてどんな整数を入れて計算しても、計算結果はいつでも4の倍数になる」を主張することになるのです。

　事柄が成り立つことの理由について説明する生徒の姿は、どのような数学的な表現で説明することなのかを教師が明確にすることにより、本問のような問題解決における学びの"深まり"について捉えることができると考えます。

② 問題発見・解決する過程を遂行する生徒の姿

　「全国調査」が実施された後、結果の公表とともに結果を生かした授業改善・充実をねらった資料として、結果の分析をもとに作成された「授業アイディア例」というものがあります。これは、実施した結果の分析をもとにして考えた指導改善の在り方を示したものです。その年度ごとに実施した教科全てにおいて作成されています。

　学びの"深まり"を問題発見解決する過程を遂行する姿を考えるために、次の二つを取り上げます。
・「平成28年度授業アイディア例　中学校数学B⑤(1)」（データの活用）
・「平成31年度（令和元年度）授業アイディア例　中学校数学⑦(2)(3)」（図形）

●統計的に問題解決をする過程にある学びの"深まり"

　この授業アイディア例は「ボウリング場で貸し出す靴を買い替える計画を立てる」として、どのサイズの靴を多く買えばよいかについて、統計的に考察する学習過程を示したものです。問題解決として、収集したデータを整理したグラフをもとにどのサイズの靴を多く買えばよいかの理由を説明することが目標となります。

　実際の調査問題では、理由の説明として記述式問題が設定されていますが、授業アイディア例では、1から4までの場面を設定しており、その中で「問題を見いだすこと」「問題の解決を計画すること」「データを整理すること」「データを分析すること」「結論を考えること」といった統計的探究プロセスの流れが組み込まれています。

　統計的探究プロセスとは、統計的な問題解決活動において、「問題－計画－データ－分析－

結論」のような段階を過程とする一連のプロセスです。単に，調査問題の解き方を説明すると
いった授業ではなく，統計的な問題解決のプロセスを重視し，問題を自分事として捉えること
により目的意識をもって取り組むことを促していると考えられます。また，この一連の活動に
ついては，指導計画として2時間を想定していることが分かり，問題解決について，ある程度
の時間のまとまりを意識していることも分かります。

　このように，生徒が統計的に問題解決するためのプロセスを明らかにすることで，問題解決
のプロセスを重視することは，学びの"深まり"につながると考えます。

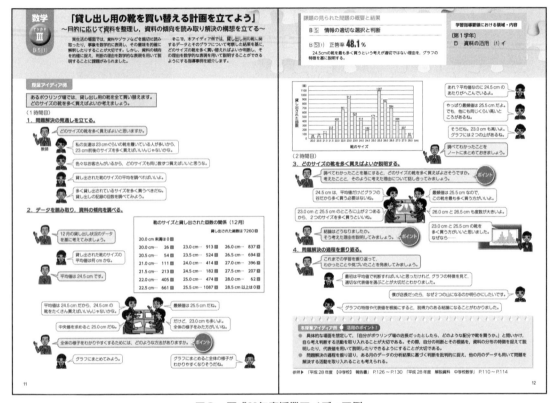

図3　平成28年度授業アイディア例

●条件を変えるなどして考え，図形の性質を見いだす過程にある学びの"深まり"

　この授業アイディアはある条件下における図形について成り立つ事柄を見いだし，それを説
明するというもので，反例について理解することや図形の性質を証明することができることを
目標とした学習内容です。

　前時には，「正方形 ABCD の辺 AB の中点を E，辺 BC の中点を F とすると，AF = CE に
なる」を図形の合同な三角形の関係に着目して証明したという設定です。本時は考察を終えた
後に，条件として変えられる辺や角の大きさ，そして，形そのものなどを探し，条件を変えて
も同じ結論 AF = CE が成り立つかどうか考える問題解決です。

前提条件である四角形の形を変えての考察
- 正方形 ABCD ならば，AF ＝ CE になる
  ↓
- 平行四辺形 ABCD ならば，AF ＝ CE にならない
  ↓
- 長方形 ABCD ならば，AF ＝ CE にならない
- ひし形 ABCD ならば，AF ＝ CE になる

　このように，事柄について前提条件をいろいろに変えることで，次なる問いについて連続的に見いだし，同じことが成り立つかどうかを考えることは発展的に考えることといえ，探究的な学びを促すものです。こうした過程を授業に積極的に取り入れていくことも学びの"深まり"につながるものであると考えます。さらに，結論である AF ＝ CE が成り立つ際の前提である，正方形とひし形について振り返り，事柄について吟味する場面が設定されています。

　どうして正方形でもひし形でも AF ＝ CE が成り立つのかについて，前時に書いた証明（四角形 ABCD が正方形のとき）を手がかりにして考察しています。このときの証明においては，AF ＝ CE が成り立つことをいうために△ ABF と△ CBE の合同の関係に着目していますが，この合同の関係を成り立たせる条件として，正方形やひし形などの形に直接関係している条件を確認し，AF ＝ CE が成り立つための本質的な条件を見いだす活動が設定されています。

　例えば，∠ ABF ＝∠ CBE は四角形の辺と辺とでなす角であることから，四角形 ABCD の形が正方形，ひし形などどんな四角形でも成り立つ条件であることが分かります。しかし，AB ＝ CB については，四角形の隣り合う 2 辺が等しいことから分かるので，ひし形や正方形の図形の特徴からいえる関係です。さらに，BF ＝ BE についても，AB ＝ CB であることからいえる関係です。つまり，この場合には AB ＝ CB であることがいえれば成り立つ事柄であり，ひし形，正方形の共通する特徴としてあげられる関係なのです。

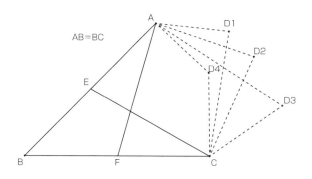

図4　AF ＝ CE が成り立つ四角形 ABCD

したがって，AF＝CEを成り立たせる図形において，点Dの位置を，四角形ABCDをつくることができるところに置くことができればどこでもよい（図4でいうと，D1～D4）ということにもなります。このように論理的な考察を通して，AF＝CEを成り立たせるための前提条件としては四角形ABCDが正方形やひし形であるといった具体的な四角形一つの場合で起こるということではなく，AB＝CBである四角形ABCDであればよいということがいえるのです。

正方形ABCD ならば，AF＝CE になる。
ひし形ABCD ならば，AF－CE になる。 ⟹ AB＝CB である四角形ABCD ならば，AF－CE になる。

のように，前提としている四角形が異なるが，同じ結論になる二つの事柄について，本質的な条件である「AB＝CBである四角形ABCDだから成り立つことである」と表現することで統合したことになります。

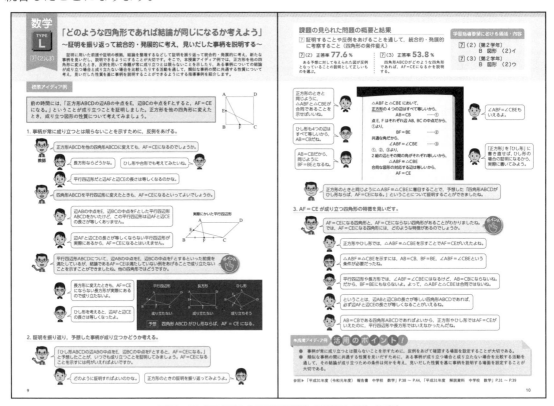

図5　平成31年度（令和元年度）授業アイディア例

この授業アイディア例は，図形において予想した事柄が成り立つことを証明するといった論理的に考えることだけでなく，統合的・発展的に考察する授業でもあります。統合的・発展的に考えることは，「学習指導要領」の数学科の目標にある数学的な見方・考え方の「考え方」

に，また，思考力，判断力，表現力等という「資質・能力」にも記載されている大切な数学的な考え方です。こういった数学的な考え方で問題解決することも，学びの"深まり"といってよいでしょう。

　統合的・発展的に考えることを，授業での一場面として授業づくりをするのではなく考えることが大切です。授業アイディア例では問題解決での一連の流れの中で，「条件を変えても，同じようなことが成り立つのではないか？」「同じようなことが成り立つように前提条件を変えることができないか？」などという"問い"をもつこと，それを数量や図形，その関係に着目して数学的に確認し，本質的な条件となるものを見いだし統合的・発展的に考察することでの"解決"，最後に一連の流れを確認し統合的・発展的に考えることのよさを実感することや，さらに，問い続けることなどの"振り返り"と，授業における問題解決の過程がみられます。問題解決の過程を生徒が遂行し問題解決することも，学びの"深まり"といえます。

●「全国調査」の問題は問題解決のプロセスを重視して作成されている

　「全国調査」の問題，授業アイディア例を取り上げ，学びの"深まり"について考えてきました。その際に，数学的に問題発見・解決することについて生徒が遂行することに学びの"深まり"があるとしてきました。

　では，そもそもの問題作成についてはどのように考えられているのでしょうか。「全国調査」が実施されますと，実施日には，解説資料が調査問題とともに Web 上で公開されます。各教育委員会や各学校にはその後郵送で必ず送付されます。その解説資料には，調査問題の枠組みとして調査問題作成の設計について，次ページで示した表1のように示されています。「全国調査」の問題は応用問題を集めたもの，もしくは簡単には解けない難しい問題などといわれることがありました。そのような考えで問題を作成していないのです。

　表1において注目すべき点が三つあります。一つめは，「文脈や状況」とし，日常生活や社会の事象，数学の事象における問題解決を意識しているということです。二つめとして「数学の問題発見・解決における局面」とし，3つの局面で問題解決の過程を示し，三つめとしてその局面ごとに「数学的なプロセス」を置き，数学的な具体の行動について表現しています。この具体が各設問の趣旨として設定されているのです。

表1 調査問題の枠組み（平成31年度（令和元年度）全国学力・学習状況調査 解説資料 中学校数学）

数学科の内容（領域）	数と式	図形	関数	資料の活用
主たる評価の観点	数学的な見方や考え方	数学的な技能		数量や図形などについての知識・理解
文脈や状況	日常生活や社会の事象についての考察		数学の事象についての考察	

数学の問題発見・解決における局面	数学的なプロセス
Ⅰ 事象における問題を数学的に捉えること	(1)事象を数・量・図形等に着目して観察すること (2)事象の特徴を的確に捉えること (3)理想化したり，単純化したりすること (4)情報を分類したり整理したりすること
Ⅱ 問題解決に向けて，構想・見通しを立てることで焦点化した数学の問題を解決すること	(1)筋道を立てて考えること (2)解決の方針を立てること (3)方針に基づいて解決すること (4)事象に即して解釈したことを数学的に表現すること (5)数・式，図，表，グラフなどを活用して，数学的に処理すること (6)数学的に表現したことを事象に即して解釈すること (7)解決の結果を数学的に表現すること
Ⅲ 問題解決の過程や結果を振り返って考察すること	(1)数学的な結果を事象に即して解釈すること (2)必要な情報を選択し判断すること (3)解決の過程や結果を批判的に考察すること (4)解決の過程や結果を振り返り評価・改善すること (5)統合的・発展的に考察すること (6)事象を多面的に見ること

図6の問題は，令和3年度調査問題⑦になります。2分間を測り取る砂時計をつくるために，砂の量についてどのように考えていけばよいかというものです。調べるために実験し，そのデータから2分間を測るのに適した砂の量について，関数の考えや比例の関係を用いて解決するのですが，値をみるとうまく比例に当てはめることができないということが状況としてあります。

解説資料をみると，この問題の出題の趣旨として，「事象を理想化したり単純化したりすること」とあります。表1には，局面Ⅰ(3)にこの記述がありますので，問題解決の構想や見通しをもつために数学的な問題として捉え，厳密には比例とはいえないものについて，理想化したり単純化したりすることで問題解決することをねらいとしています。

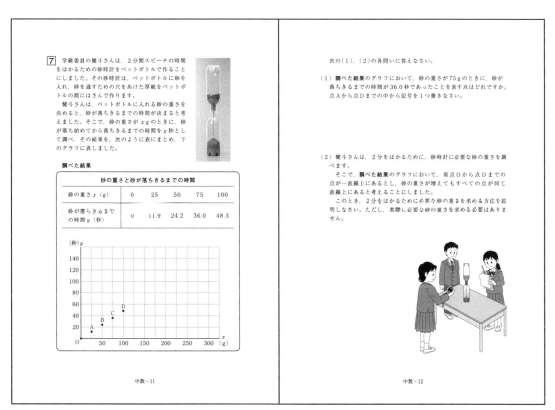

図6　令和3年度調査問題⑦

　「全国調査」の問題から問題発見・解決の過程を生徒が遂行することを重視していることが分かり，調査問題と枠組みの表を合わせてみることで，学びの"深まり"を，数学的に問題発見・解決を遂行すると考えることができるのです。

　数学の授業で考える学びの"深まり"について考えてきました。生徒が問題解決する際に数学的な考え方を発動させる，その考え方を教師が捉えることが大切です。授業において生徒が問題解決する際に，論理的に考察すること，統合的・発展的に考えること，簡潔・明瞭・的確に表現することがあるかどうか，また，その具体は何かについて，教師がしっかりと捉え授業することが大切です。数学的に考えるからこそ，学びが深いものとなるのです。

　それから，数学的に問題発見・解決する過程を重視すること，それを授業の型として考えるのではなく，遂行する生徒の姿を具体的にすることも，学びの"深まり"になります。大切なのは，遂行するのは生徒であるということです。「全国調査」の問題，問題を設計するもとになる枠組み，さらには授業アイディア例を参考にして考えました。問題発見・解決をするのは，学習者である生徒ですので，遂行するある程度の時間の中でどのような数学的な見方・考え方を働かせばよいか，また，どのような問いがあればよいか，授業における発問の在り方にもつながってきそうです。

(3) 学びの "深まり" につながる生徒の主体性

　数学の授業において，どのような数学的な考え方で問題解決をするのか，また，その過程について吟味することで，学びに "深まり" が出てくることを述べてきました。問題解決するのは生徒ですので，生徒が数学的に考え問題解決するためには，向かう姿勢としての具体を考える必要があると考えます。

　「学習指導要領」では，育成すべき資質・能力の三つめに，学びを人生や社会に生かそうとする「学びに向かう力，人間性等」を掲げるとともに，教科での学習評価においては，観点別学習状況を見取るために「主体的に学習に取り組む態度」を観点として設定しています。「学習指導要領」における各学年・領域での内容のまとまりにはこの資質・能力の三つめは記載がありませんので，学年ごとに表2のように設定されています。

表2　各学年での主体的に学習に取り組む態度

第1学年	第2学年	第3学年
数学的活動の楽しさや数学のよさに気付いて粘り強く考え，数学を生活や学習に生かそうとする態度，問題解決の過程を振り返って検討しようとする態度，多面的に捉え考えようとする態度を養う。	数学的活動の楽しさや数学のよさを実感して粘り強く考え，数学を生活や学習に生かそうとする態度，問題解決の過程を振り返って評価・改善しようとする態度，多様な考えを認め，よりよく問題解決しようとする態度を養う。	数学的活動の楽しさや数学のよさを実感して粘り強く考え，数学を生活や学習に生かそうとする態度，問題解決の過程を振り返って評価・改善しようとする態度，多様な考えを認め，よりよく問題解決しようとする態度を養う。

　この目標を踏まえ，生徒の学びの "深まり" につながる生徒の主体性について，次の二つをあげます。

① 生徒が問題解決するために，数学的に考えようとする態度

② 問題発見・解決する過程を遂行しようとする態度

　この二つは，相互に関わり合うことが想定されます。生徒が問題発見・解決の過程を遂行しようとするならば，数学的な考え方を発動させなければ，その過程であるプロセスを回すことができないと考えるからです。これら二つの態度について考え，数学の授業における生徒の主体性が，学びの "深まり" についてどのようにつながるかを考えます。

片桐（1988）は，数学的な考え方を生み出す背景となる考え方を数学的な態度とし，次のように捉えています。

1．自ら進んで自己の問題や目的・内容を明確に把握しようとする
2．筋道の立った行動をしようとする
3．内容を簡潔明確に表現しようとする
4．よりよいものを求めようとする

　数学的な態度という考え方は，数学の授業における主体性を考えるのに，参考になります。生徒の問題発見・解決の過程を遂行する場面で，学びの"深まり"につながる生徒の主体性を態度の面から具体的な例で考えてみましょう。

●問題を発見し，解決の見通しをもつ場面で…

　図7は，平成29年度調査問題B③です。学習する学年は第2学年です。この問題を題材とした授業を考えます。

③ 康平さんは，ダムの貯水量が減ってきており，水不足の心配があることを新聞で知りました。そこで，新聞に載っていたダムについて，毎日の同時刻の貯水量を調べました。そして，5月31日からx日後のダムの貯水量をy万m^3として，次のように表にまとめ，下のグラフに表しました。

調べた結果

5月31日から経過した日数と貯水量

経過した日数 x（日）	0	1	2	3	4	5
貯水量 y（万m^3）	4140	3920	3540	3140	2820	2570

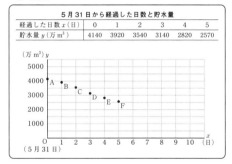

次の（1）から（3）までの各問いに答えなさい。

（1）調べた結果のグラフにおいて，5月31日から4日経過したときに，貯水量が2820万m^3であったことを表す点はどれですか。点Aから点Fまでの中から記号を1つ書きなさい。

（2）康平さんは，このダムの貯水量が1500万m^3より少なくなると水不足への対策がとられることを知り，それがいつになるのかを予測することにしました。
　そこで，調べた結果のグラフにおいて，点Aから点Fまでの点が一直線上にあるとし，貯水量がこのまま一定の割合で減少すると仮定して考えることにしました。
　このとき，貯水量が1500万m^3になるまでに5月31日から経過した日数を求める方法を説明しなさい。ただし，実際に日数を求める必要はありません。

図7　平成29年度調査問題B③

問題では，あるダムの貯水量は減少していることから，貯水量がある量になるまでの日数について，関数の考えや関数関係を用いて予測することが問題解決です。「調べた結果」にある，経過した日数と貯水量の表をみた生徒に，問題解決するためにどのようなことを考えようとすることを期待しますか。

　まず，表で示されていることから，貯水量は経過した日数の関数であることを捉え，既知の関数関係であるかどうかについて確認しようとすることを期待します。その際には，比例や反比例，一次関数の表における特徴が経過した日数と貯水量の表からみることができるかどうかを検討しようとすることが大切です。

　この問題では実際のデータを使用していることから，一次関数のように一様に減少しているようにみえますが，厳密にはそうとはいえないことが分かります。そこで，１日ごとの貯水量の増加量が-4000～-2000万m^3の間にあり，貯水量から比べてもそんなに違いはないとみることで増加量を一定とし，この二つの数量の関係を一次関数とみなして考えるといった仮定をおいて考えようとすることが求められます。問題解決を進めるために理想化したり単純化したりする見方です。

　第１学年の学習では，厳密に比例とはいえないが，理想化したり単純化したりすることで，比例とみなして問題解決をすることを経験しています。その学習経験を生かして，この場面では，生徒の問題解決へ向かう姿勢として次の二つを期待します。

◇　経過した日数と貯水量の表や座標平面上にプロットしたものをみて，理想化したり単純化したりすることで既知の関数関係で捉えようとすること
◇　問題解決をするために，ある関数関係があると仮定して考えようとすること

　そのためには，問題解決のための構想や見通しをもつ場面を設定し，発問を工夫することや他者との協働の場を意図的に設定することが考えられます。

●学んだことを次の問題解決に生かそうとする場面で…

　図8は，平成28年度調査問題A⑥(2)です。学習する学年は第２学年です。これは，多角形の外角の和の性質を理解しているかどうかみるという趣旨で出題された問題です。多角形の外角の性質の理解について，和が360°であることを単に覚えるといった理解になっていないでしょうか。

　授業においては，多角形の外角の和が360°で一定であるという性質を見いだした後に確認する場面として，この問題のように生徒に問うことが考えられます。

（2）次の**図1**，**図2**は，多角形の各頂点において一方の辺を延長した
ものです。

この2つの図で，それぞれ印を付けた角（ 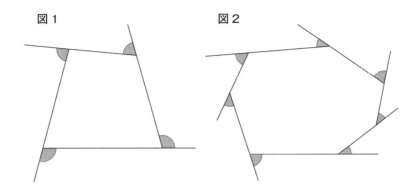 ）の和を比べる
とき，どのようなことがいえますか。下の**ア**から**エ**までの中から
正しいものを1つ選びなさい。

図1　**図2**

ア　**図1**で印を付けた角の和と**図2**で印を付けた角の和は等しい。

イ　**図1**で印を付けた角の和の方が大きい。

ウ　**図2**で印を付けた角の和の方が大きい。

エ　**図1**で印を付けた角の和と**図2**で印を付けた角の和のどちら
が大きいかは，問題の条件からだけではわからない。

図8　平成28年度調査問題A⑥(2)

その際には，図形が異なることから角の数の違いなどに気付きながらも，問題解決として，
四角形と七角形の外角の和，つまり，多角形の外角の和について考察していることを理解し，
生徒の問題解決へ向かう姿勢として次のことを期待します。

◇　問題解決の対象が外角の和であることから，二つの多角形の外角の和の相等関係があ
　ることを判断するために，多角形の外角の和の性質を基にして考えようとすること

図9は，平成30年度調査問題A②(4)です。学習する学年は第2学年です。これは，三角形の
面積が，底辺と高さの積の $\frac{1}{2}$ に相等するということを表した等式を底辺の長さを求めるため
の式に変形することができるかどうかをみるという趣旨で出題された問題です。目的に応じた
式の変形については課題があると「全国調査」の結果において指摘されてきたところです。

（4）右の図で，底辺の長さ a，高さ h の
三角形の面積 S は，次のように表され
ます。

$$S = \frac{1}{2}ah$$

底辺の長さを求めるために，この式
を，a について解きなさい。

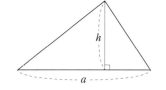

図9　平成30年度調査問題A②(4)

　a について解くということは，左辺を a のみにし，“$a =$” とすればよいなどと，結果の式の形について目的を見いだすことが大切です。また，変形する際には既知である等式の性質を変形したい形に沿って使うことが大切です。つまり，ここでは，生徒の問題解決へ向かう姿勢として次のことを期待します。

> ◇　等式を変形する際に，目的である形に着目しようとすることや，変形した後の式の形を想起しながら等式を選択しようとすること

　知識・技能の観点において，図8は知識，図9は技能の方で評価するのでしょうが，どちらも生徒の問題解決で考えた場合には，知っている数学をどのように生かそうとしているのかということにつながります。最初の図形の問題では，多角形の外角の和の性質の理解を事実的な知識として評価することになります。

　等式の変形については，等式の変形の仕方を覚えているということだけでなく，実際の処理の場面において，目的と照らし合わせ使い分けることも大切です。知っている数学を目の前の問題解決に生かそうとすることも，学びの“深まり”につながる主体的な姿といえます。

●問題発見・解決を遂行するためのエネルギーとなるものとして…

　「全国調査」の問題では，本章(2)で述べたように問題発見・解決の過程として局面や数学的なプロセスを明らかにして問題作成していますが，生徒が解き進むことの背景にあるものは，数学的に考えようとするエネルギーであると考えます。片桐（1988）は，態度は数学的な考え方を支え，その発動のエネルギーを与えるものと位置付けられるとし，数学的な態度と数学的な考え方は密接であるとしています。

　先に紹介した片桐が提唱する4つの数学的な態度は，問題発見・解決の過程に位置付けて説明しています。問題解決の過程における(1)～(5)を場面，もしくは局面とするならば，それらをつなぐのは問題発見・解決を遂行する生徒であるべきと考えられ，つなぐためのエネルギーが，数学的な考え方なのです。

表3　問題解決過程と態度（片桐，1988）

問題解決の過程	用いられる態度
(1)　問題形成・把握	・自ら進んで自己の問題や目的・内容を明確に把握しようとする 　①　疑問をもとうとする 　②　問題意識をもとうとする 　③　事象の中から数学的な問題を見つけようとする ・内容を関係明瞭に表現しようとする 　①　問題や結果を簡潔明瞭に記録したり，伝えたりしようとする 　②　分類整理して表そうとする
(2)　見通しを立てる	・筋道の立った行動をしようとする 　①　目的にあった行動をしようとする 　②　見通しを立てようとする 　③　使える資料や既習事項，過程に基づいて考えようとする
(3)　解決の実行	・筋道の立った行動をしようとする 　※上に同じ
(4)　論理的組織化	・筋道の立った行動をしようとする 　※上に同じ ・内容を関係明確に表現しようとする 　※上に同じ
(5)　検証	・よりよいものを求めようとする 　①　思考を対象的（具体的）思考から，操作的（抽象的）思考に高めようとする 　②　自他の思考とその結果を評価し，洗練しようとする

　観点別学習状況の評価において，「主体的に学習に取り組む態度」の評価には大きな改善が求められています。生徒の情意側面について例えば，授業中の挙手の頻度，宿題などの課題について提出の有無による取り組み状況の把握といった，数学にはあまり関係のないことで評価をしてきた反省があります。もちろん，生徒が学習に前向きに取り組もうとしていることについては褒めてあげるべきだと考えます。

　しかし，問題解決のために数学で前向きに向き合っている具体の姿を褒めることが大切です。そして，数学で向き合うことを促すことも，教師の大事な役割です。主体的に学習に取り組む態度をみる場合には，「～しようとする生徒」の姿を具体的にして考えましょう。そして，「～しようとする生徒」の"～"は，数学的に考えることです。そして，"～"における数学で考えることが豊かになればなるほど，学びの"深まり"につながるのではないかと考えます。

(4) 学びの"深まり"につながる対話的な活動

　中学校数学の授業について多くの授業を参観したことを振り返ると，どの授業にも問題解決をするために生徒同士が話し合うといった場面がありました。授業の中で，どんな形にしても生徒同士が意見や考えを交わすことなく授業が進行するという教え込みのような一方的な授業が少なくなったと思います。

　よくみた活動では，ペア学習，グループ活動，立ち歩いて自由に話をするなど，手法はそれぞれでしたが，共通としていえることは，他者と意見を交換することにあります。生徒が，生き生きと話し合う姿はとてもよいのですが，一方で気になることもありました。それは，生徒同士の対話の内容が数学になっていないのではないかというときです。また，生徒がグループ活動に取り組んでいるときに，どのように関わればよいのかと悩まれている先生もおりました。

　他者と交流することのよさとして，自分には気が付くことができなかった発想や考えに触れ，問題解決のための方法などを検討することや，練り上げることができることにあります。そういった意味においては，生徒同士の対話の場面を意図的に授業に取り入れることはとても効果的なことであると考えます。また，対話は他者だけでなく自分との対話もあるといわれています。この対話の在り方を吟味することで，数学の授業のおける学びの"深まり"を考えてみましょう。

　ここでは，生徒の対話の例として，令和2年度に国立教育政策研究所が公開した「調査問題活用の参考資料（中学校数学）」を取り上げます。

●事象に問題を見いだすために…

　生徒同士が話し合う場面の設定は，授業のどこか部分的に行われることが多く，常に話し合っているというのはあまりないように思います。このことは，数学の授業においては自力解決から入り，その解決や解決方法を検討したり吟味したりすることが多いためかもしれません。しかし，場合によっては授業の導入にも，対話による活動を取り入れることもあるのではないでしょうか。

　図10は，「調査問題活用の参考資料（中学校数学）」の調査問題⑧について一部を抜き出したものです。ここでは，前時に収集したデータを目的に応じて（来院者は時間帯により差があると予想し，それを調べるために時間帯ごとに分かるようデータを層別化して考える）整理し直したものを取り上げ，本時にどのようなことを問題として掲げるか，といった生徒の問題発見の場面です。教師が問題として提示するのではなく，「～どのようなことが分かりますか？」という発問により，自分たちで待ち時間が比較的短い60分未満の来院者数が多いのが，8時台と11時台であることに着目し，その違いについての考察をどのように進めるのか，構想や見通しも合わせて話し合っている様子が分かります。

教師

受付をした時間帯ごとに分けて，表やヒストグラムを作り直しました。これを見ると，待ち時間が60分未満の来院者について，どのようなことがわかりますか。

時間帯ごとに分けた待ち時間の度数分布表

階級（分）	8時台	9時台	10時台	11時台
	度数（人）			
以上　未満				
0～60	27	13	16	20
60～120	17	12	12	5
120～180	10	13	5	0
合計	54	38	33	25

時間帯ごとに分けた待ち時間の分布

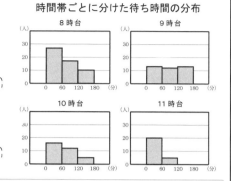

60分未満の度数が多いのは，8時台と11時台だよ。度数は8時台の方が11時台より多いから，8時台に受付をすれば待ち時間が比較的短くなりそうだね。

度数分布表の合計を見ると，時間帯ごとに受付をした人数はどれも違うよ。時間帯ごとに受付をした人数は，8時台が一番多いね。

時間帯ごとの合計が違うのに，60分未満の度数が8時台の方が11時台より多いからといって，8時台に受付をすれば11時台よりも待ち時間が短くなりそうだといっていいのかな。

8時台と11時台では合計が違うから，60分未満の度数の大小で比べることはできないのではないかな。

図10　調査問題活用の参考資料数学⑧

　このように，教師が一方的に問題を与え，構想や見通しも用意して伝え，生徒はそれに沿って考えるだけという授業でなく，問題の状況や示された情報などを手がかりに本時で問題解決すべきことをみんなで焦点化することも大切です。もちろん，それを複数人で行う必要もきまりもありません。この場面では，統計的に表現した表があることから生徒同士で話し合うことで着目すべきところについて精緻され，問題としての共有を図ることができると考えると有効な手立てではないかと思います。

　主体的・対話的で深い学びの実現のために，問題発見・解決の過程の充実が大切であることは述べてきましたが，その際の生徒が問いをもつことについては特に重要です。問いは，生徒一人一人がもつことも大切ですが，「調査問題活用の参考資料（中学校数学）」の例のように学級みんなで問いを見いだすことも考えられます。例えば，数に関する性質の考察において，具体的な数を用いて帰納的に調べ，事柄を予想する場面があります。成り立つ事柄を予想することがなかなかうまくいかず，問題も把握しないままに解決に入ってしまうことがあります。帰納的に調べたことからどのようなことがいえそうかについて生徒同士で意見交換をしながら進めることが考えられます。

また，図形の論証の場面においても同様です。仮定としておかれた図形について，対応する辺や角の大きさなどに着目することで，どのような図形の性質を見いだすことができそうか，など対話を通じて確認することで，証明すべきことについて焦点化され，証明するということに積極的に向き合うことができるのではないでしょうか。学級のみんなで，事象や状況をみながら話し合う場面を意図的に設定し，対話による問いの発生を期待することができるでしょう。

●問題解決を進めるために…

多くの授業では，数学的に表現された問題について解決する際にグループ活動を取り入れていると思われます。知っている数学をどのように用いて，また，着目すべき数量や図形の関係などの共有，解決方法の共有など，様々なことをねらい，活動を位置付けることが大切です。主体的・対話的で深い学びの中に対話とあるから，のような理由で設定するのでは効果的な手立てとはならないのです。

図11は，「調査問題活用の参考資料（中学校数学）」の調査問題⑦について一部を抜き出したものです。ここでは，△ABCに対して「∠Bの大きさを90°とするとき」と条件を付加した際に，∠B＝90°である四角形ABEFが平行四辺形になるかどうかを検討する場面に，グループ活動を位置付け，授業が展開されていることが分かります。

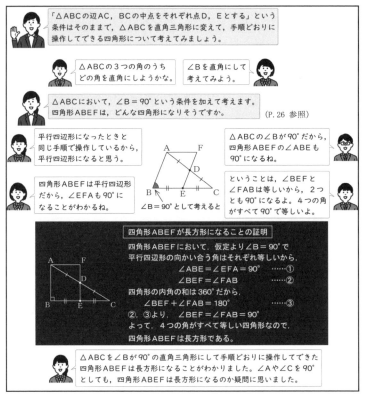

図11　調査問題活用の参考資料数学⑦

ここでグループ活動を設定しているのは，話合いの場面を入れることで，生徒の理解がより進むだろうという漠然としたものではありません。証明を書くことができるということだけでなく，付加した条件∠B＝90°が，既に平行四辺形であることが分かっている四角形ABEFの辺や角の大きさにどのような影響を与えるのかについて，図形に着目し，根拠やそれにより導かれることを整理することによって論理的に考察を進めることではないでしょうか。生徒一人でも考察を進めることはできるかもしれませんし，一部の生徒が見いだした結果について共有するということもあるでしょう。しかし，こういったグループ活動で意見を交わし合い一緒に数学的に解決をすることに向かうことで，学びが協働的なものとなるのではないかと考えます。

　大切なのは，取り入れたグループ活動の設定理由と内容です。そこには問題解決をする生徒がどのような数学で進めていくのか，どのような数学的な考え方を大事にしていけばよいのかなどについて教師がしっかりと考えなければ，ただただ賑やかなだけの場面となり，数学の学びから離れてしまうことがあるということを忘れないでおくべきではないかと考えます。

◉自身を振り返り，学びの変容を自覚するために…

　対話というと，主として他者とのものが注目されますが，対話には自己（自分）との対話もあるといわれています。授業の中に，特に最後の場面で「振り返り」の場面を設けるというのは全国各地の授業でみかけます。また，多くの自治体で取り組む授業改善にはこの「振り返り」が取り上げられることが多く，その重要性についていわれているところです。このことについて実際の授業でみかけるのですが，気になることがあります。

- 本時の数学には関係のない感想を披露する場面になっていないか
- 振り返りの対象がなく，無目的な場面になっていないか
- やらなければならないという義務感のもとで設定される場面になっていないか

　全ての先生がそうであるということでは決してありません。多くの授業でこの場面をみた際に，いつも上の三つについて違和感を覚え，このことの教育効果の有無について疑問に思っていました。教師が「振り返りなさい」と指示し，振り返る対象がないために，「今日の授業では友達と協力できた」などと数学の問題解決とは全く関係のないことを記述すること，教師は生徒が振り返ることにどのような学習効果があるのかも分からず，場面ありきで行っていること，数学の授業のおいてどのような意味があるのか，反省的に考えるべきだと思います。

　これまで，よく現場の先生には，

　「授業の最後に振り返らせればよいなどと，お作法のように場面設定するのであれば，今すぐやめた方がいい」

などとお話することもありました。

　例えば，主体的な学びには「見通し」と「振り返り」が大切であることについて，「解説」などでいわれています。また，「メタ認知」という言葉が教育界では広く知られるようになり

ましたが，自分の理解状況を的確に振り返ることの難しさとともに，このことがうまくいくことでの学習効果についてもいわれているところです。また，振り返るということは，自己との対話によって成立する活動であり，数学の授業における「振り返り」を対話としてどのように考えればよいかについて，授業される先生がしっかりと捉えていくことで学びへの"深まり"をもたらすものとなると考えます。

図12は，「調査問題活用の参考資料（中学校数学）」の調査問題⑥について一部を抜き出したものです。この場面は，生徒が本時の学びを振り返る場面として位置付けており，生徒が問題解決をした後，授業時間で考えると最後の方に当たると考えられます。この学びを振り返る場面において注目すべきこととして，振り返る対象が明確になっていることがあります。教師は，ただ振り返りなさいと発話するのではなく，「最初の見通しと，まとめた方法について…」としています。「最初の見通し」について，ここでは問題解決をする方法の見通しであり，授業の導入にかけて場面化されています。

集まった紙パックの枚数の違いを求める方法について，
最初の見通しと，まとめた方法について振り返ってみましょう。

最初はグラフの x が45000
のところを見ればわかると
考えていたけど，方法の
説明として足りなかった。
説明に加えたことを，
ノートにまとめてみよう。

振り返り
　集まった紙パックの枚数の違いを求めるには，最初は，グラフの x が45000のところを見ればわかると考えていました。でも，解決するためにはグラフの $x = 45000$ のときの２つの y の値の差を求めなければならないことがわかりました。グラフをどのように見るかについて，説明することが大切だとわかりました。

集まった紙パックの枚数の違いを求める方法について話し合いました。その中で，どのようにグラフを見ればよいか考え，グラフの見方について深めることができましたね。

図12　調査問題活用の参考資料数学⑥

当然のこととして，ここでの見通しは完全なる方法の説明でなく「このようにしたら解決できるのでは…」というものです。具体的にみてみますと，図12のノートに書かれた「振り返り」での次の二つに注目したいと思います。

① 　最初は，グラフの x が45000のところを見ればわかると考えていました。
② 　でも，解決するためにはグラフの $x = 45000$ のときの２つの y の値の差を求めなければならないことがわかりました。

①は，授業の最初に見通しとしてあげた問題解決の方法の説明です。グラフにおいて着目す

べきところについて捉えていることが分かりますが，これでは，問題解決することはできないことから，方法の説明としては不十分となります。しかし，これが授業の導入場面であれば，今後の授業の流れの中で明確にしていくことですので，特に問題はありません。

このことを受けて②では，問題解決の方法として不十分であったことについて把握し，数学的に説明することとして十分なものにするためにどうすればよいかを的確に指摘しているのと同時に，自己の学びの変容についても自覚をしているのです。このように，自己の学びの変容を捉えることは，メタ認知の考えからいっても学習者の理解の状況を確かなものとする有効なものであり，振り返る場面が学習効果に結び付く場面にもなるのです。

そして，この振り返る場面において生徒は，

○　自分に足りないものは何だったのか
○　自分が分かる（できる）ようになったのは授業のどの場面，何がきっかけだったのか
○　本時で数学的に考えることで成長したのはどこか

などを自身と向き合い，自身と対話をすることで振り返る場面が成立し，自己との対話が重要であると考えます。

授業において「最後３分間で振り返りを書きましょう」から脱却し，生徒が数学での学びについて，自己との対話によって数学的な考え方や本時の数学的活動がどのように充実していたかを考える「振り返り」を促進させていきたいと考えます。

「解説」には「数学的に説明し伝え合うこと」として，次のように示しています。

問題発見・解決の過程では，何を考え，どのように感じているのか，自分自身と向き合わなければならない。自分自身の言葉で着想や思考を表すことにより，自分の考えを再認識することができる。こうして言語で表されたものは，自分の考えを見つめ直す反省的思考を生み出し，更に研ぎ澄まされたものとなっていく。

上のことは，まさに「振り返り」のことを指していると思います。このことを「自己内対話」とも表現しています。

単に授業の最後に「振り返りを書きなさい」ではなく，生徒が何を振り返るのかといった振り返る対象について，教師が本時の数学的活動や指導目標を踏まえて明らかにすることが大切です。また，そのことをノートなどに記述することで，数学の学習の理解の状況についても見取ることができます。

問題解決の過程を生徒自身で振り返ることにより，学んだ数学の内容や今後の問題解決でも使うことができそうな方略の一般化をすることにつながり，自己の変容について自覚すること

になるでしょう。自身との対話により，自己の変容に気付き，今後の学びへのエネルギーともなります。

　こうした「振り返り」を続けていくことで，生徒の数学への考え方が豊かで濃密なものになっていくのではないかと考えます。まさに，学びの"深まり"に関係する対話です。さらに，この「振り返り」は他者とのコミュニケーションによりさらに濃いものとなることが考えられます。自分自身，他者とのコミュニケーションの促進，つまり対話を重視すべき大切な視点となります。

(5) 第2章について

　第2章では【実践編】として，主体的・対話的で深い学びを実現するための授業づくりを，どのように考え進めていけばよいか，12事例による具体的な実践例を紹介します。

　授業実践に力強く取り組まれている全国の12名の先生が，各領域・学年ごとに主体的・対話的で深い学びのある授業例について示しています。取り上げる題材は，第1，2学年については過去の「全国調査」の問題から，第3学年については教科書等でよくみる題材を選んでいます。各実践例においては，中学校数学での学びの"深まり"を具体的に指摘し，それに向かうための主体的な生徒の姿や対話的な活動についても説明しています。さらに，指導目標だけでなく，学習評価についてもどのように扱うか触れています。

　各実践の最後には，実践例について詳しく解説をしています。

　お読みいただいている先生の，明日からの授業が主体的・対話的で深い学びを実現する授業となることにつながる実践例です。

〈引用・参考文献〉
・ジャン・ピアジェ著，波多野完治・滝沢武久訳（1998）『知能の心理学』みすず書房
・片桐重男著（1988）『問題解決過程と発問分析（数学的な考え方・態度とその指導2）』明治図書

第2章
主体的・対話的で深い学びを実現する
授業実践例
New Practice

試合時間は確保できるか!!　方程式を用いて明らかにしよう

1　学習指導要領への対応

A(3)　一元一次方程式

イ(イ)　一元一次方程式を具体的な場面で活用すること。

2　授業で目指す学習者の姿～本時における指導目標～

・事象を一元一次方程式で捉え，その解を解釈して成り立つ事柄を説明することができる。

【思考・判断・表現】

・方程式を活用した問題解決を通して，数量関係を考察することについて評価・改善しようとしている。

【主体的に学習に取り組む態度】

3　主体的・対話的で深い学びの実現

　本授業の題材として，平成28年度調査問題数学B①を取り上げます。本授業では，一元一次方程式を活用して問題解決をすることを主な学習活動とします。本時における深い学びを，一元一次方程式を用いて得られた数学的な結果を事象に即して解釈することや，事柄が成り立つと判断し，その理由を数学的に説明することとします。また，方程式を活用するよさを実感すること，今後の実生活の中で新たな問題解決に生かそうとする態度の醸成についても考えます。

　授業では，大会を企画するために設定された情報から，試合数，または，それらの間にある休憩時間の合計時間について捉え，休憩時間について一元一次方程式を用いて解決しようとすることを促します。さらに大会を企画するための新たな提案を取り上げ，1回の休憩を5分，1回の応援合戦を6分としたときに，1試合の時間を10分と設定することができるかについて判断する場面を設定します。さらに，一元一次方程式を解いて得られる解を事象に即して解釈し，1試合の時間を10分と設定できないことを判断しようとするなどの生徒の数学への主体性を重視し，方程式を用いて解決するために，事象における数量の相等関係，方程式の立式，解の解釈などを説明し合うといった対話の場面を大切にし，話合い活動を取り入れます。

　授業の終末においては本時の問題解決やその過程を振り返り，一元一次方程式を用いることで様々な場面や状況に数学で事象を捉え，その際に立てた方程式を形式的に解き，問題を解決できることのよさを共有する場面を設定します。

4 授業の展開

□ 問題場面における数量の関係について数学的に捉える

> **大会の計画**
>
> | ←10分→ | ←――――――――――― 60分 ―――――――――――→ | ←10分→ |
> |:---:|:---:|:---:|
> | 開会式 | 第一試合
1組対2組 / 休憩 / 第二試合
2組対3組 / 休憩 / 第三試合
1組対3組 | 閉会式 |
>
> ○ 3学級の総当たり戦で，全部で3試合行う。
>
> ○ 1試合の時間はすべて同じ長さとする。
>
> ○ 試合と試合の間には準備を含む休憩をとり，休憩の時間は同じ長さとする。
>
> ○ 第一試合が始まってから第三試合が終わるまでは60分とする。

大会の計画（平成28年度調査問題数学B①より）

> **第一中学校では，学級対抗ドッジボール大会を企画しています。大会を行う上で，どんなことを決める必要があるでしょうか？**

S 試合時間や間の休憩時間を決める必要があります。

T 例えば，1試合の時間を16分としたら，休憩を何分間にすればよいですか？

S $16 \times 3 = 48$，$60 - 48 = 12$，$12 \div 2 = 6$ だから，休憩時間は6分になります。

T 計算した式において，「3」と「2」はどんな数量を表しているのですか？

S 「3」は試合数で，「2」は休憩の回数を表しています。

T 計算で求めることができましたね。このことについて学んだ方程式を用いて考えることができますか？

S 求めたいのは休憩時間だから，それを x とおけばいいよね。

S 試合時間と休憩時間を全て合わせると60分だから…。$16 \times 3 + 2x = 60$ という方程式になるのかな。

S 試合時間と休憩時間全て合わせた時間について x を用いて表すと，$16 \times 3 + 2x$ になるよ。

S ということは，x についての方程式は $16 \times 3 + 2x = 60$ になるといえるね。

T 立てた方程式を解いて，1試合の時間を16分としたときの休憩時間を求めましょう。

S x についての方程式 $48 + 2x = 60$ を解いた解は，$x = 6$ です。よって，1試合の試合時間を16分としたときの休憩時間は6分です。

□ 条件を変えて考え，事柄の成り立つことを数学的な結果をもとに説明する

進行表（平成28年度調査問題数学B1より）

　実行委員の海斗さんは，応援合戦も取り入れた日程として新たな提案をしています。前の場合と比べて，試合時間はどうなりますか？

S　休憩の回数が増えるから，試合時間は短くなってしまうよ。

T　試合時間が短すぎると困るので，試合時間は10分確保したいです。そのための休憩時間について考えましょう。

S　文字を用いて式をつくって，考えてみよう。

S　試合時間を a 分，休憩時間を b 分，そして，応援合戦の時間を c 分として考えてみると，$3a + 4b + 2c = 60$ だよね。

T　例えば，1回の休憩を5分，1回の応援合戦の時間を6分として考えてみると，試合時間は10分とれるでしょうか？つくった式を用いて考えてみましょう。

S　式 $3a + 4b + 2c = 60$ に $b = 5$，$c = 6$ を代入すると，$3a + 32 = 60$ だよね。

S　$3a + 32 = 60$ は，a についての方程式になっているよね。これを解くと…

> 式 $3a + 4b + 2c = 60$ に $b = 5$，$c = 6$ を代入して
> $3a + 32 = 60$
> a についての方程式として解くと，
> $a = \dfrac{28}{3} = 9.3333\cdots$

S　$a = 9.33\cdots$ になった。a は試合時間を表していたよね。

S　試合時間は約9.3分になる。だから，10分は無理だよ。

T　文字を用いた式で考え，分かったことをまとめてください。

S　関係を表した式 $3a + 4b + 2c = 60$ に $b = 5$，$c = 6$ を代入してできた a についての方程式の解から，10分とるのは無理と分かりました。

☐ 問題解決の過程を振り返り，方程式のよさについて考える

今日は，方程式を使って試合時間を考えるといった問題解決をすることができましたね。方程式を使うことには，どんなよさがありますか？

S　方程式を解いて試合時間を求めることができた。

S　つくった式を使って，試合時間を調整することができたよ。

S　そうだね。方程式を解いた解がそのまま答えになるということでなく，解である9.33…と希望する試合時間である10との大きさを比べて判断することができたよ。方程式って便利だね。

5　学習者の学びをフィードバック！〜指導と評価の一体化〜

　本時は，事象における数量について相等関係を見いだすことで立式し，設定した二つのねらいが達成されているかどうかを評価します。

　ドッジボール大会の運営計画について，3試合の時間とその間に設定される2回の休憩時間の総時間が60分に相等する関係に着目し，休憩時間を求める方程式をつくり，その解から休憩時間が6分であることを確認します。その後，変更したドッジボール大会の運営計画をもとに，「試合」「休憩」「応援合戦」の時間について考察する場面において，三つの文字を用いて式をつくり，休憩時間を5分，応援合戦の時間を6分としたときに，1試合の時間を求めるための方程式としてつくり直し，解を求めます。1試合の時間を10分はとりたいという文脈のもとで，その解をどのように解釈できるかが評価する場面です。

　1試合の時間を a としてつくった，a についての方程式 $3a+32=60$ を解き，その解について，「$a=9.33…$ になるので，1試合の時間として10分はとれない」と成り立つ事柄を記述しているものをおおむね満足できる状況として評価します。さらに，求めた a の値9.33…を必要な1試合の時間である10と比較し大小関係を捉えることで，「$a=9.33…$ となり，その値は10より小さいので1試合の時間として10分とることはできない」のように得られた数学的な結果との大小関係も含め，成り立つ事柄を記述しているものを十分満足できる状況と判断します。これらを問題解決の過程において観察するとともに，ノートなどの記述で見取ることとします。

　さらに，1試合の時間について10分確保するためには，つくった式をもとにしてどうすればよいかをノートに振り返りとして記述することとします。その記述内容をもとに方程式を一度立式することで，様々な場面にも適用できるよさについて記述できているものを評価し，さらに深い学びにつなげていきます。

（金　祐輝）

方程式を利用して，事象を数学的に解釈すること

1　主体的・対話的で深い学びを実現するための授業改善の視点

　本時は，日常の事象における問題解決のために，一元一次方程式を利用するという実践です。題材については，下のような平成28年度調査問題B①をもとにしており，(1)，(3)の場面を中心に取り上げ展開されています。この授業について振り返ってみましょう。

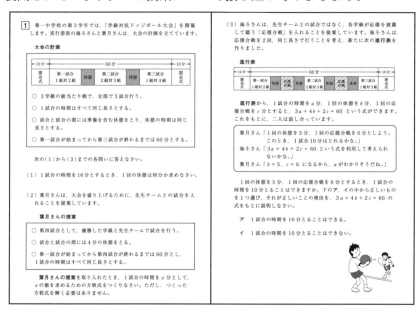

(1) 深い学びをどう捉えるか

　方程式を利用して問題解決をする学習について，どの学年においても設定されており，利用する方程式が違うことだけでなく，3年間の指導を見通す必要があります。第1学年で学習する一元一次方程式については，生徒にとっては方程式との出会いであり，解を求めるといった技能に偏ることなく，方程式のよさについても問題解決を通して理解を促すことが大切です。

　授業者は，一元一次方程式を利用して問題解決をするという中で，方程式を解いて得られる解の解釈についても取り上げています。解の解釈とは，問題に対して適・不適ということではなく，解の数値を事象に即して解釈し，その事象にどのようなことがいえるのかについて説明することとしています。方程式を利用して問題解決する際に，求めた解がそのまま答えとなることが多いのですが，問題解決をするために解の数値をみて判断する場面を意図的に設定し，方程式の学習に深まりをもたせています。授業では，ドッジボール大会の計画を考えるという文脈において，「試合」「休憩」「応援合戦」というプログラムを限られた60分という時間で行

うためにそれぞれの時間を調整します。そこに，一元一次方程式を用いて解決する状況を設定しています。さらに，休憩時間を5分として4回，応援合戦の時間を6分として2回，そのとき，試合時間について1試合当たり10分とることは可能なのかを方程式の解の解釈により問題解決するのです。その際，解は約9.3であり，それが10よりも小さいといった大小関係を捉え，「この状況では1試合当たり10分とることはできない」と判断することを問題解決としています。求めた解9.3が答えではなく，事象に成り立つ事柄を解の解釈によって説明するという解の意味とその解釈の理解に迫る授業となり，学びに深まりがみられます。

(2) 深い学びに迫る生徒の主体性と他者との学び合い

この授業において，問題解決に向かう生徒にとって，方程式を利用して問題解決をしようとするという態度が大切です。方程式を利用するためには，方程式をつくる必要がありますが，ここに大きな課題があることは「全国調査」においても報告されているところです。方程式をつくるために，生徒が今回の問題のように示された進行表の横の長さを時間という数量で捉え，60分を全体量，試合時間，休憩時間，応援合戦の時間を部分量としてみるといった，事象の中の数量の関係を捉えようとする態度が大切です。実際の授業では，それを捉えるようとすることを促す発問や手立てが必要です。また，この態度については，数学への態度ともいえ，本時だけでなくこれまでの授業における問題解決の中で重視し，数学的な見方として豊かになっていくことを期待するものです。また，授業におけるグループ活動においても，方程式をつくるためにどの数量に着目し，成り立つ相等関係について検討したり，吟味したりするかを対話により進めていくことが期待されます。

2 具体的な評価で生徒に学びの自覚化と達成感を

本時の評価について，授業者は単に一元一次方程式を利用して問題解決することとはせず，つくった方程式を解くことで得られた解について解釈し，成り立つ事柄を説明することができるかどうかをみることとしています。基本的にはノートなどに記述したものを記録として取り上げ，評価に生かすという計画です。その際，1試合の時間を10分とすることが，「できる」「できない」といった結論を明示し，その根拠を解である値との大小関係に着目して説明しているかどうかの具体の姿で確認しようとしており，評価の視点が明確です。特に，その大小関係を明示して説明しているかどうかで，十分満足できる状況とし評価規準を判断する上でも明瞭なものとなっています。生徒は，方程式を解いた際の解がいつでも答えになるといったように考えることが多いですから，この学習での数学的表現による説明は，方程式の解の理解についての学びを深めることになります。このことについて，さらなる理解を促すために授業の終末では問題解決の方法を振り返り，方程式のよさを確認する場面を設定しています。こうしたことを意図的に授業に計画することで，数学で考えることのよさについても，生徒は実感を伴って理解することにつながると考えられます。

（佐藤　寿仁）

■ A 数と式 〔第2学年 式の計算〕実践

「これでも成り立つかな？」 条件を変えて考えてみよう

1 学習指導要領への対応

A(1) 文字を用いた式

ア(ウ) 文字を用いた式で数量及び数量の関係を捉え説明できることを理解すること。

ア(エ) 目的に応じて，簡単な式を変形すること。

2 授業で目指す学習者の姿〜本時における指導目標〜

・具体的な事象の中の数量の関係を文字を用いた式で表したり，式の意味を読み取ったりすることができる。

【知識・技能】

3 主体的・対話的で深い学びの実現

　本授業の題材として，令和3年度調査問題数学⑥を取り上げます。この題材では，ある数に関する事象において，具体的な数の計算を通して帰納的に考え，事柄が成り立つことを予想し，そのことが成り立つことを文字を用いて式に表現し説明する活動を設定します。生徒は，数学的な見方・考え方を働かせながら，予想した事柄が成り立つことの根拠を明らかにして説明します。

　本時での深い学びを，成り立つと予想した事柄を帰納的に考えることで予想し，それを演繹的に考え説明することとします。さらに，説明に用いた式について振り返り，新たにいえる事柄を考察することでもあります。深い学びに向かうために生徒は，具体的な数で計算するなどして事柄を予想しようとする，文字を用いた式で予想した事柄が成り立つことの説明について考えようとする，さらに，説明に使った式を振り返り，新たな事柄を発見しようとすると主体的な姿として期待し，発問などで促していきます。また，どのように説明を進めていけばよいかや，説明に用いた文字式にはどのような意味があるかについて正答同士の対話により理解を深めていきます。

　授業では，事柄が成り立つことを説明する場面を多く扱いますが，成り立たないことにも触れることで，問題解決後に生徒が問い続けることにつながると考えます。説明の書き方の指導に偏らず，統合的・発展的に考えるといった生徒の数学的な考え方を豊かになるような展開に努め，本時のような問題解決の過程を，第3学年での式の展開と因数分解を用いた数の性質の考察につなげていきたいと考えます。

4 授業の展開

□ 予想した事柄が成り立つことを説明する

問題

　自然数を5つずつに区切った表があります。この表で，縦に2つ，横に2つの数が入る四角で4つの数を囲みます。囲んだ4つの数の和は，どんな数になるでしょうか。

1	2	3	4	5
6	7	8	9	10
11	12	13	14	15
16	17	18	19	20
21	22	23	24	25
26	27	28	29	30
31	32	33	34	35

囲んだ4つの数の和は，どのような数になりますか？

S　$1 + 2 + 6 + 7 = 16 = 4 \times 4$

　　$9 + 10 + 14 + 15 = 48 = 4 \times 12$

　　$22 + 23 + 27 + 28 = 100 = 4 \times 25$

　　計算すると，4の倍数になりました。

T　四角で4つの数を囲むとき，4つの数の和は，いつでも4の倍数になるといえますか？成り立つかどうか文字を使って説明してみましょう。

S　左上の数をnとすると，右上の数はnより1大きいから，$n + 1$と表すことができるね。左下の数は，どう表せばよいだろう？

S　左上の数が1のとき，左下の数が6になっているよ。だから左上の数に5をたすと，左下になるよ。自然数を5つずつ区切っているからだね。左下は$n + 5$，右下は$n + 6$と表せばいいよ。

T　具体的な数を使って，それぞれ位置にある数を，文字を使った式で表すことができました。それでは，成り立つことを説明してみましょう。

　　nを自然数として，四角で囲んだ4つの数のうち左上の数をnとすると，右上の数は$n + 1$，左下の数は$n + 5$，右下の数は$n + 6$と表される。これら4つの数の和は，

　　$n + (n + 1) + (n + 5) + (n + 6)$

　　$= 4n + 12$

　　$= 4(n + 3)$

　　$n + 3$は整数だから，$4(n + 3)$は4の倍数である。

　　よって，四角で囲んだ4つの数の和は，4の倍数になる。

□ 問題の条件を変えても，同じようなことが成り立つか考える

1	2	3	4	5	6
7	8	9	10	11	12
13	14	15	16	17	18
19	20	21	22	23	24
25	26	27	28	29	30

自然数を5つずつに区切った表で考えてみましたが，自然数を6つずつに区切った表で四角で4つの数を囲んでも，和は4の倍数になるでしょうか？

S　さっきと同じように4つの数を文字で表して，説明してみればいいね。今度は6つずつに区切った表だから左上の数に6をたすと，左下になるね。左下は $n+6$，右下は $n+7$ と表すことができるね。

n	$n+1$
$n+6$	$n+7$

S　計算してみると，$n+(n+1)+(n+6)+(n+7)=4n+14=2(2n+7)$ となるから，4の倍数にはならないね。でも2の倍数になることが分かるね。

T　$2(2n+7)$ は $2n+7$ の2倍と考えることができますね。では $2n+7$ は，どんな数なのでしょうか？

S　$2n+7=2×n+7$ になるから，左上の数を2倍して7加えた数といえるよ。

S　私は二通りの考えが浮かびました。

　一つめは，$2n+7=n+(n+7)$　　二つめは，$2n+7=(n+1)+(n+6)$

S　一つめは，左上の数と右下の数の和とみることができるよ。となると，二つめは，右上の数と左下の数の和を表しているね。

T　ということは，自然数を6つずつに区切った表において，四角で囲んだ4つの数の和は，2の倍数になること以外にどんなことがいえるでしょうか？

S　四角で囲んだ4つの数の和は，左上の数を2倍して7を加えた数の2倍であるといえます。

S　四角で囲んだ4つの数の和は，左上の数と右下の数の和の2倍，または，右上の数と左下の数の和の2倍であるともいえます。

T　今の考えをまとめると，四角で囲んだ4つの数の和についてどのようなことがいえるでしょうか？話し合ってみましょう。

S　左上の数と右下の数の和の2倍であり，右上の数と左下の数の和の2倍でもあるから，「四角で囲んだ4つの数の和は，斜めに位置する2つの数の和の2倍である」ということがいえると思います。

□ 見いだした事柄について，自然数を５つずつに区切った表に戻って考察する

「四角で囲んだ４つの数の和は，斜めに位置する２つの数の和の２倍である」ことを見いだすことができました。このことは，最初に使った自然数を５つずつに区切った表でも同じように成り立つのでしょうか？

S　説明を振り返ってみると，$2n+6$の２の倍数にはなっていることが分かるね。

$$n+(n+1)+(n+5)+(n+6)$$
$$=4n+12$$
$$=2(2n+6)$$

S　$2n+6$は，nと$n+6$の和であるし，$n+1$と$n+5$の和であるとみることができるよ。結局は６つずつに区切った表のときと同じことがいえると思うよ。

T　５つずつに区切った表では，４の倍数になることはいえました。斜めの数の和の２倍になることは，どちらの表でもいえることが説明できました。次にどのようなことを考えてみたいですか？

5　学習者の学びをフィードバック！～指導と評価の一体化～

　本時の指導目標を受けて，４つの数の和について４の倍数になることを，文字を用いた式で説明すること，説明のために用いた式$4n+12$，$4n+14$を事象に即して解釈することについて，生徒の数学的な表現として評価をします。自然数を５つずつ区切った表において４の倍数になることを示す際には，４つの数の和を文字を用いて計算した結果である$4n+12$を変形して得られた$4(n+3)$を示していることで，おおむね満足できる状況と判断します。さらに，「$n+3$は整数だから，$4(n+3)$は４の倍数である」と４つの数の和は，４の倍数になるという事柄について成り立つ理由を記述していれば十分満足できる状況と判断します。また，説明のために用いた式$4n+12$，$4n+14$を事象に即して解釈することについては，例えば，４つの数の和について「左上と右下の２倍である」，もしくは，「右上と左下の２倍である」と両方，またはどちらか一方について記述していれば，おおむね満足できる状況と判断します。さらに，４つの数の和について「左上と右下の２倍である」「右上と左下の２倍である」を統合的に考え，「四角で囲んだ４つの数の和は，斜めに位置する２つの数の和の２倍である」について記述することができれば，十分満足できる状況と判断します。

　さらに，四角に囲んだ９つの数の和など囲み方を変えてみたり，表の区切り方を変えたりして別の表で考察するなどについてレポートで取り組み，それを見取ることも考えられます。

(内田　知代)

文字を用いた式を用いて，成り立つ事柄を説明すること

1 主体的・対話的で深い学びの実現するための授業改善の視点

　本時は，数に関する性質を考察する場面において，生徒が予想した事柄が成り立つことを筋道を立てて考え説明する実践であり，題材は下のような令和3年度調査問題6を取り上げ展開されています。この授業について，振り返ってみましょう。

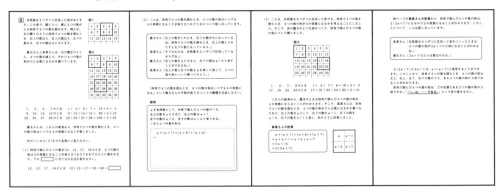

(1) 深い学びをどう捉えるか

　生徒は，第1学年において，数量の関係や法則などを文字を用いた式に表すことを理解し，式を用いて表したり読み取ったりすることを学習してきました。これを受けて，単に問題を解けばよいということでなく，生徒の記述する数学的な表現や筋道を立てて考え説明することなどが重視され，授業が展開されていることが分かります。授業者は，自然数を並べてつくった表において囲んだ4つの数の和について考察する際に，次の三つのことを考察する場面について意図的に設けています。

　① 囲んだ4つの数の和が4の倍数であることを帰納的に考えることで，成り立つ事柄を予想し，それを文字を用いた式で成り立つことを説明すること（理由の説明）。

　② 異なる表において，説明に使用した文字を用いた式から新たな性質を見いだし，それを説明すること（事柄の説明）。

　③ 成り立つことを示した事柄について，他の場面でも成り立つかどうかについて説明すること（統合的・発展的に考察すること）。

　この事象について考察の対象として取り上げたときに，文字を用いた式による説明により数に関する性質を明らかにしていくことが深い学びと捉えることができます。①から③までのことから，文字を用いた式で表すこと，また，それを読み取ることといった「表す」と「読む」のような双方向性のある活動を組み入れることで，文字を用いた式についての理解をさらに促

すとともに，文字を用いることのよさについて生徒が実感を伴って理解することを促すことにつながると考えられます。また，①～③について生徒の活動として考えると，問題発見・解決の過程を生徒が遂行するといったことにも配慮がみられます。自然数を5つに区切った表において囲んだ4つの数の和について，具体的な数で試すことで成り立つ事柄を予想し，そのことを文字を用いた式で成り立つことを説明する過程は，帰納や演繹といった数学的な推論により問題解決し，さらには自然数を5つから6つに区切った表に変え，同じように囲んだ4つの数の和について発展的に考察することで新たな性質を見いだし，それをもとの自然数を5つに区切った表において同じように成り立つことを，文字を用いた式を振り返って事象を統合的に考察していくといった過程は，まさに数学的活動を通した授業であるといえます。

(2) 深い学びに迫る生徒の主体性と他者との学び合い

　本授業においては，深い学びに迫るためには，生徒が数学的に考察しようとすることのような数学への態度が重要です。帰納や演繹などの数学的な推論で考察を進めようとする，文字を用いた式で事象を表そうとする，さらに，読み取ろうとするなどの態度について，授業者は発問により引き出し，生徒同士の対話で確認させるなどの手立てを講じ，生徒の問題解決を支えています。こうした考察する際の数学への態度について，授業者は指導のねらいや数学的活動を踏まえて検討して実践していることが授業の様子から分かります。事象について見いだした数に関する性質を，文字を用いた式で明らかにするための数学的な推論で進めようとする態度，文字式など数学的に表現されたもの読み取るなどして評価・改善しようとする態度は，第3学年における数と式の学習だけでなく，後の学習内容である図形の論証にもつながるといえます。

2　具体的な評価で生徒に学びの自覚化と達成感を

　本授業において，授業者は文字を用いた式で説明するということを生徒の記述により評価するために，意図した段階で学習した姿を捉えています。最初の4の倍数となることの説明については，計算した結果である $4n+12$ を変形して得られた $4(n+3)$ を示していることでも数学的には説明できていると評価し，さらに「$n+3$ は整数だから，$4(n+3)$ は4の倍数である」といった事柄が成り立つことの理由について，数学的に説明されているものについてよりよく解決しているものとしていることが特徴です。書かなければならない説明から，相手に伝わるように数学的に説明することの大切さについて生徒は理解し，今後の問題解決の場面においても生かされることと思います。また，授業で取り上げた題材である調査問題にはない，見いだした事柄について統一的に捉え直すといった評価したり改善したりすることを表現する場面を設定し，生徒の文字を用いた式に対する理解についての評価に工夫がみられます。生徒は，授業での教師とのやり取り，自他との対話により文字を用いた式で説明すること，文字を用いた式を読むことなど見方が濃密になっていくことが期待され，文字を用いた式の学習が処理のみに偏ることなく進行していくことが期待されます。

　　　　　　　　　　　　　　　　　　　　　　　　　　　　　　　　　（佐藤　寿仁）

これまでの学びを生かして，数に関する性質を説明しよう

1 学習指導要領への対応

A(2) 簡単な多項式

イ(イ) 文字を用いた式で数量及び数量の関係を捉え説明すること。

2 授業で目指す学習者の姿～本時における指導目標～

・文字を用いた式で数量及び数量の関係を捉え説明することができる。

【思考・判断・表現】

3 主体的・対話的で深い学びの実現

本授業の題材として，「連続する2つの偶数の積に1をたすと，奇数の2乗になる」ことについて成り立つことを説明することを問題解決として取り上げます。この題材は，「解説」や多くの教科書で取り扱われています。数学的な事象による導入でなく，整列隊形を取り上げることで，生徒の問題発見を促す工夫をしています。

本授業での深い学びを，「連続する2つの偶数の積に1をたすと，奇数の2乗になる」ことについて，帰納的に考えることで成り立つ事柄を予想し，それが成り立つことを，文字を用いて説明すること，さらに，その説明を振り返り新たな性質を見いだすこととします。導入場面では，連続する2つの偶数の積に1をたすことについて，連続する偶数をいろいろに確かめ，どのようなことがいえそうかと問うことで成り立つ事柄を生徒が予想することが大切です。予想した事柄がいつでも成り立つことを説明する場面では，これまでに経験した数に関する性質での説明を振り返り，「具体的な数を使っての説明では全ての場合を確認することは難しい」や「文字を用いることで全てを説明したことになる」などの問題解決のための構想を立てることや見通しをもつことが大切です。

本時での学びを深めるために，生徒が書いた数学的な説明を振り返り，どんな数の2乗になるのかについて考察することも大切です。説明に用いた文字式を読むことで，奇数の2乗になることや2数の間の数の2乗になるといった新たな性質を見いだすことにつながり，書いた数学的な説明を評価することにもなります。さらに，他に調べたいことはないかと問うことで，奇数の場合はどうなるかなど新たな疑問が生まれます。その際，書いた数学的な説明を振り返り，どの部分を書き換えるだけで証明ができるのかと評価したり改善したりするでしょう。

4　授業の展開

□　予想した事柄が成り立つことを説明する

問題

　　次の図は運動会のある部活動の行進の様子です。最初に隊形Ａで行進した後，隊形Ｂに
並び替えます。隊形Ａは，部長が前に出る隊形で，隊形Ｂは，正方形の並びになる隊形で
す。隊形が変わっても部員の数は変わらないことを，式を使って表しなさい。

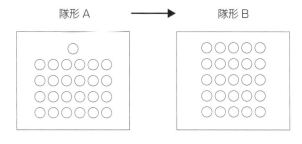

隊形 A　　　　　　　　　　　　隊形 B

□　事象を数学的に捉え，成り立つ事柄について予想する

> 隊形Ａと隊形Ｂは，どちらも25人になりますね。それぞれの隊形について，
> 式を使って表してみましょう。

S　隊形Ａは，縦に４人，横に６人，それに部長が１人だから，$4 \times 6 + 1 = 25$と表すことが
　できる。

S　隊形Ｂに変わると，縦も横も５人ずつだから，$5 \times 5 = 25$と表せる。二つの式は，どちら
　も25人で等しいから，$4 \times 6 + 1 = 5 \times 5$と表すことができるね。

T　そのとおり。では，隊形Ａの４と６は，どんな数でしょうか？また，隊形Ｂの5×5は，
　どんな計算をしていますか？

S　４と６と偶数，あっ，連続する２つの偶数ともみることができる。

S　5×5は２乗の計算だよ。

T　そうですね。では，４，６以外の連続する２つの偶数のときも，同じように２乗になるの
　でしょうか？いろんな偶数で試してみましょう。

S　２と４で考えると…。$2 \times 4 + 1$を計算して９になる。３の２乗に
　なった。

S　10と12ではどうかな。$10 \times 12 + 1$を計算して121。11の２乗だ。

T　具体的な連続する２つの偶数でいろいろと試してみると，２乗にな
　りましたね。さて，このことからどのようなことが成り立つと予想

$$2 \times 4 + 1 = 3^2$$
$$4 \times 6 + 1 = 5^2$$
$$6 \times 8 + 1 = 7^2$$
$$10 \times 12 + 1 = 11^2$$

することができるでしょうか？ノートに書いてみましょう。

S 連続する２つの偶数を決めて，それをかけたよね。それから１をたして，結果が２乗になったということだよ。

S ということは，「連続する２つの偶数の積に１をたすと，２乗になる」と予想することができます。

□ 予想した事柄について，成り立つことを説明する

予想したことは，いつでもそうなるといってよいでしょうか？

S 全ての数で確かめていないからなぁ。

S 文字を使えば，いつでもいえるかどうか確認できるよ。

T 文字を使うことで説明することができそうですね。連続する２つの偶数を，文字を使って表してみましょう。

S 偶数は２の倍数だから，整数を n として $2n$ と表せばよいね。

S そうだね。連続する偶数は，２，４，６…と２ずつ増えるから $2n$ に２をたして，$2n$，$2n+2$ とすればよいかな。

T 連続する２つの偶数を文字を用いて表しました。では，全ての場合で連続する２つの偶数の積に１をたすと２乗になることについて $2n$，$2n+2$ を使って確認しましょう。

S 計算したら $4n^2+4n+1$ となりました。

T 計算した $4n^2+4n+1$ から，２乗になるといってよいかな？

S いえないな。２乗になるというためにはどうしたらよいのかな。

S 因数分解できないかな。

S 因数分解すると，$(2n+1)^2$ となり，２乗の形になった。これで，連続する偶数の積に１をたすと２乗になるといえるね。

> n が整数のとき，連続する２つの偶数を $2n$，$2n+2$ とする。
> 連続する２つの偶数の積に１をたすと，
> $2n \times (2n+2)+1$
> $= 4n^2+4n+1$
> $= (2n+1)^2$
> 連続する偶数の積に１をたすと，２乗になるといえる。

□ 説明を振り返り，新たにいえることを見いだす

> $4n^2 + 4n + 1$ を $(2n+1)^2$ に変形することで説明することができましたね。説明を振り返ってみると，何か他にもいえそうなことはありませんか？

S　2乗になるということ以外にいえること？

S　$2n+1$ は，偶数に1をたしているから，奇数です。

T　そうですね。$2n+1$ は奇数といえます。さらにいえそうなことはありませんか？みんなは，連続する2つの偶数を $2n$ と $2n+2$ とおきましたよね。

S　えっ，まだ何かあるの。$2n$ と $2n+2$ とおいたけど…。

S　$2n+1$ は，$2n$ に1を加えているね。

S　そうか，$2n+1$ は連続する偶数の $2n$ と $2n+2$ の間にある奇数を表しています。だから，「連続する2つの偶数の積に1をたすと，間の奇数の2乗になる」といえることになります。

T　そうですね。予想した事柄よりもさらに詳しく分かりました。さて，他に調べてみたいことはありませんか？

5　学習者の学びをフィードバック！〜指導と評価の一体化〜

　本時は，「文字を用いた式で数量及び数量の関係を捉え説明することができる」という目標です。したがって，生徒の数学的な表現として，連続する2つの偶数を文字を用いて式に表し，何かの2乗になること，または，2つの偶数の間にある奇数の2乗になるということを示すために文字式を変形し，成り立つ事柄を表現することができれば，おおむね満足できる状況と判断します。つまり，連続する2つの偶数を，n を整数として $2n$，$2n+2$ とし，それらを計算し，因数分解することで $(2n+1)^2$ を示すことができるかどうかをみるのです。さらに，因数分解をした結果である $(2n+1)^2$ について「n は整数だから，$2n+1$ は2つの偶数の間にある奇数の2乗になる」といった事柄の結論について，根拠を示して説明することができていれば，十分満足できる状況と評価します。

　本時の目標は数学的に根拠を記述し，事柄が成り立っていることを見取ることが大切です。本時はノートの記述が評価する際の中心となりますが，それだけでなく，生徒同士の話合いなどの様子も観察しながら，説明することについて洗練されていくことを，形成的評価を通して見取ることも考えられます。

（和田　淳子）

A 数と式〔第3学年 式の展開と因数分解〕解説

事柄を予想し，それが成り立つことを演繹的に考察すること

1 主体的・対話的で深い学びの実現するための授業改善の視点

本時は，文字を用いた式で数量及び数量の関係を捉え説明することを問題解決とした実践になります。第3学年の題材として多くの先生によって実践されているものです。多項式同士の積，因数分解といった2次式について表現することや処理することができるようになった生徒が学んだことを生かして数に関する性質を見いだし，事柄が成り立つことを論理的に考察する大切な時間です。第3学年にとって数に関する性質に関して論理的に考察することの総まとめでもあることを意識し，文字を用いた式で説明することのよさ，すなわち数学的に考えることのよさについて再確認し，中学校数学における数と式での考察のまとめとします。

(1) 深い学びをどう捉えるか

数に関する性質を考察することについての問題解決を重視し，授業者はその生徒の問題解決の過程について，次のように考えていることが分かります。

① 帰納的に考えることで，成り立つ事柄について予想すること

② 予想した事柄が成り立つかどうか，文字を用いた式で説明すること

③ 説明を振り返り，問題解決の結果について吟味すること

これらについて生徒が問題解決する際の過程として捉え，生徒の問題解決として授業が展開されており，事柄を予想することや論理的に考察し数学的に表現することが重視されています。この一連の考察の過程を生徒が遂行することが，深い学びとして考えることができます。さらに，授業では事柄の結論について最初は2乗になると予想しましたが，その場での吟味や修正を行うことをせず，因数分解をして得られた式について解釈する場面を設定しています。因数分解した $(2n+1)^2$ を読み，最初の予想を満たしていることを確認しながらも，さらに解釈を進めることで説明するために整数 n を用いて表した連続する2つの偶数 $2n$，$2n+2$ と，因数分解した $(2n+1)^2$ における $2n+1$ との意味を捉え，2乗になるという結論から，連続する2つの偶数の間にある奇数の2乗になる，のように生徒が捉え直すといった，いったん解決したことを振り返り，結果を改善することに取り組むことを重視しています。

このように，問題解決したことについて生徒が吟味し，さらにいえることや他に分かることはないかと問い，考察を広げていくことは評価したり改善したりすることにつながります。授業で取り上げる題材において深い学びの有無を考えるだけでなく，数学的に考察を進めることで"数学での深まり"を授業者がしっかりと捉え，生徒の学びを考えていくことが大切です。授業者は数学的に考察を，どのような活動に位置付けるかを意図的に計画し，数学的に考察す

ることについて深まりのある実践しているといえます。

⑵ 深い学びに迫る生徒の主体性と他者との学び合い

　本時について，授業者は授業の多くの活動を意図的に設定していますが，生徒が数に関する性質を考察していく際に，問題解決と数学を用いて前向きに向き合うことを促していることが分かります。前向きに向き合うとは，次のように考えることができます。

　① 帰納的に考えることで，成り立つ事柄について予想しようとする

　② 文字を用いた式を使って演繹的に考え説明しようとする

　③ 問題解決の結果や過程を振り返り，吟味して捉え直そうとする

　これらについて授業者は発問により促し，問題解決について主体的に取り組む数学の態度を大切にしています。また，こうしたことを受けて実際の授業では，グループなど他者との対話の中で，事象について帰納的に考えた際に，数量や数量の関係について伝え合うこと，文字を用いた式での説明を考える場面においてもどのように計算するか，また，計算した式について結論を示すためにどのように変形すればよいか目的を確認し，その目的に応じて変形することを伝え合うことを重視しています。このことは，授業者は生徒が深い学びに向かうために必要な数学における対話として位置付けていることが分かります。

2　具体的な評価で生徒に学びの自覚化と達成感を

　文字を用いた式を利用して事柄が成り立つことの数学的な説明は，これまでの「全国調査」において継続的な課題として報告されています。この学習場面において，第1，2学年からの学習を踏まえて，予想した事柄が成り立つことの数学的な説明ができるかどうかについて評価することが必要です。授業以外にも単元末のテストなど様々な評価場面を設定することが考えられますが，その多くは記述式によるものかと思います。生徒の記述をノートなどで確認する際には，評価する側に明確な視点が必要です。授業者は，本授業においての生徒の記述について，十分満足できる状況とおおむね満足できる状況とでどのような数学的な表現を確認できればよいかを設定しています。特に連続する偶数の積に1をたす

> n が整数のとき，連続する2つの偶数を $2n$，$2n+2$ とする。連続する2つの偶数の積に1をたすと，
> $$2n \times (2n+2) + 1$$
> $$= 4n^2 + 4n + 1$$
> $$= (2n+1)^2$$
> n は整数だから，$2n+1$ は連続する2つの偶数の間の奇数である。よって，連続する偶数の積に1をたすと，2つの偶数の間の奇数の2乗になるといえる。

と，2つの偶数の間の奇数の2乗になることについては，$(2n+1)^2$ と表現できれば数学的には説明しているといってよいですが，n は整数だから，$2n+1$ は連続する2つの偶数の間の奇数である，のように新たに説明を加えた表現を十分満足できる状況とし，評価しています。さらに，授業者は生徒の数学的な説明を固定的に捉えようとはせずに，発問による授業者とのやり取りや生徒同士での対話によって更新していくことを認めようとすることがうかがえます。

（佐藤　寿仁）

おうぎ形の弧の長さの求め方～公式なんていらない?!～

1 学習指導要領への対応

B(2) 空間図形

ア(イ) 扇形の弧の長さと面積，基本的な柱体や錐体，球の表面積と体積を求めること。

2 授業で目指す学習者の姿～本時における指導目標～

・おうぎ形が円の一部であることから，おうぎ形の中心角と弧の長さとの関係をもとにおうぎ形の弧の長さを求めることができる。

【知識・技能】

3 主体的・対話的で深い学びの実現

本授業の題材として，令和3年度調査問題③を取り上げます。おうぎ形の弧の長さを求めることを問題解決とし，円の一部としてのおうぎ形について，同じ半径の円の周の長さをもとに求めることができることを理解しておうぎ形の弧の長さを求める学習活動です。

本授業における深い学びを，おうぎ形の弧の長さについて求める際に公式を用いて計算するということでなく，同一の円の弧の長さと面積がその中心角の大きさに比例することに着目して，おうぎ形の弧の長さや面積を求めることとします。具体的には円の一部である中心角が60°のおうぎ形について，その中心角の大きさが360°のうちのどのくらいに当たるかについて明らかにすることで，おうぎ形が，円のいくつ分であるのか考えます。さらに，具体的なおうぎ形の弧の長さを求めることで，おうぎ形の中心角と弧の長さとの関係について理解することになります。

実際には，半径が5cmで中心角が60°のおうぎ形を提示し，この弧の長さを求めることを伝えます。問題解決するために，考察の対象となっているおうぎ形と同じ半径の円との関係から，円の一部であるおうぎ形の弧の長さが円周の長さの何倍になっているのかについて明らかにしようとする数学の態度を促します。実際に求めようとすると，半径の長さや中心角以外にも条件がないと求めることができない，$\frac{1}{3}$倍になっているなどの反応が予想されます。その際には，円の一部であるおうぎ形とその円の関係についてグループ活動などで振り返る場面を設定します。グループでの対話を通しておうぎ形の中心角に着目し，円はそのいくつ分に当たるかを検討し，おうぎ形の弧の長さや面積を求める方法について吟味することを大切にします。

4　授業の展開

□　おうぎ形の弧の長さを求める方法を，おうぎ形が円の一部であることをもとに考える

 半径が 5 cm で中心角が 60°のおうぎ形の弧の長さについて求めましょう。どのようにして求めればよいでしょうか？

S　公式とかないのかな。

S　おうぎ形の弧の長さは中心角に比例することは学習したね。

T　そうですね。おうぎ形の弧の長さは中心角に比例することを前回の授業で確認しました。このことも合わせて考えると，何か分かりそうですか？

S　円の一部としておうぎ形を考えたよ。

S　中心角が 60°だから 6 倍すれば 360°になる。

S　このおうぎ形を 6 つ集めると円になります。

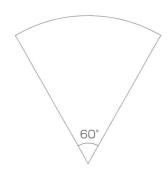 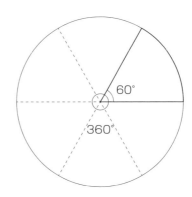

T　なるほど。おうぎ形を 6 つ集めると，円になるという関係を使うと弧の長さを求めることはできるのでしょうか？

S　できるよね。6 つ集めたら円になることから，おうぎ形は円の $\frac{1}{6}$ に当たるよ。

T　中心角 60°のおうぎ形が円の $\frac{1}{6}$ に当たること，そして，みんなは既に円の周の長さを求めることができること。これらのことから，このおうぎ形の弧の長さを求めることはできますか？

S　円の周の長さは，$2 \times \pi \times 5$ で 10π cm です。この円の $\frac{1}{6}$ に当たるから，弧の長さは，$2 \times \pi \times 5 \times \frac{1}{6}$ を計算します。よって，おうぎ形の弧の長さは $\frac{10}{6}\pi$ cm です。

□　中心角の大きさを変えて，おうぎ形の弧の長さを求める

円の一部であるおうぎ形をいくつ集めると円になるかという関係からおうぎ形の弧の長さを求めることができました。では，次は，半径が5cmで中心角が210°のおうぎ形の弧の長さを考えてみましょう。

S　同じようにいくつ集めると円になるか考えればいいよ。

S　210°だから…。なんかパッと分からないな。

T　いくつ集めると円になるか，すぐに分かりませんね。さっきは6つ集めると円になり，円の $\frac{1}{6}$ 倍でした。$\frac{1}{6}$ についてもう一度振り返ってみます。

S　$\frac{1}{6}$ というのは，おうぎ形を6つ集めると円になるので円の中心を通る直径3本で分けたことになります。

S　円を1とみて考えたということです。

T　確かにそうですね。「6つ集めると円になる」の6つはどんな数量から考えるようになったのですか？確認してください。

S　おうぎ形の中心角が60°であることからだったよね。

S　そうだよ。60を6倍すると360になるからね。

S　円の中心角は360°とみることができるから。

S　$\frac{1}{6}$ は，$\frac{60}{360}$ と表すことができるよ。

T　分かりました。皆さんが話し合ったことから，中心角が210°のおうぎ形の場合には，どのようにして考えることができそうですか？

S　210°は360°のうちのどのくらいだから，$\frac{210}{360}$ と考えることができます。だから，円の $\frac{7}{12}$ 倍です。

S　あっ弧の長さはもう分かりました。$2 \times \pi \times 5 \times \frac{7}{12}$ を計算すれば求めることができます。

□ おうぎ形の弧の長さを求めた方法を振り返る

半径が5cmで中心角が60°，210°のおうぎ形の弧の長さを求めることができましたね。その方法を振り返ります。

S 円を1とみて，どのくらいか考えました。

S 360°とおうぎ形の中心角を比較しました。

T はい。そうですね。では，中心角がどんな大きさでも弧の長さを求めることはできそうですか？

S できます。中心角が60°のときや210°のときと同じようにして考えればよいです。中心角を比較しました。

T 中心角がどんな場合でも弧の長さを求めることができるのでしょうか？半径を r，中心角を a として式で表してみましょう。

S おうぎ形の弧の長さは，$2\pi r \times \dfrac{a}{360}$ と表すことができます。

T では，次におうぎ形の面積を考えてみますよ。

S 同じようにして考えればいいから，簡単です。

5 学習者の学びをフィードバック！〜指導と評価の一体化〜

　本時における指導目標について，与えられたおうぎ形の弧の長さを，同じ半径の円の円周の長さとの関係から見いだすことで，おうぎ形の弧の長さや面積について求めることができるかどうかをみます。中心角が60°，210°の場合のおうぎ形を提示しますが，それらについて円と円の一部であるおうぎ形について中心角に着目し，円の中心角360°を全体の量として，中心角の大きさを部分の量としてその関係を捉えることができるか，それを割合としてみて円周の長さを求めることができるかどうかが評価の視点となります。

　おうぎ形の弧の長さや面積について，円の一部であるおうぎ形と円との関係をもとに求めることができていれば，おおむね満足できる状況とみます。おうぎ形の中心角が210°のときのように，おうぎ形が円の何倍になっているかがすぐに分からないような場合に，円の中心角360°を全体の量，中心角の大きさを部分の量として，その関係をもとにおうぎ形の弧の長さや面積について求めることができれば十分満足できる状況と判断します。

（木暮　亮太）

円の一部であるおうぎ形と円との関係を捉え，おうぎ形を考察する

1 主体的・対話的で深い学びの実現するための授業改善の視点

本授業は，おうぎ形の弧の長さと面積を求める方法
について，おうぎ形のもつ性質に着目して考察する実
践であり，題材は右のような令和3年度調査問題③を
取り上げ展開されています。「全国調査」においては，
平成31年度よりA問題（主として「知識」に関する問
題）とB問題（主として「活用」に関する問題）を一
体的に問う問題へと変わりました。中学校数学では，

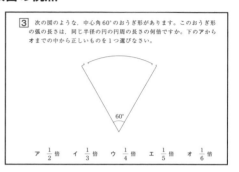

「単一の設問とした問題」と「複数の設問からなる問題」で構成されています。今回取り上げ
ている問題は前者の「単一の設問とした問題」に当てはまります。問題では，中心角が60°の
おうぎ形の弧の長さについて求めるのではなく，同じ半径の円の周の長さのどのくらいに当た
るかを倍の数で表現することを求めていますが，実際の授業ではおうぎ形の弧の長さと面積を
求めると考えられます。この問題は，その途中過程のように捉えることができます。

(1) 深い学びをどう捉えるか

　おうぎ形の弧の長さや面積を求める際には，円の一部であるおうぎ形と円との関係を捉え，
おうぎ形の弧の長さや面積が中心角に比例することをもとに，その求め方を考察することが大
切です。しかし，おうぎ形の弧の長さや面積を求めるための公式を覚えることや半径の長さや
中心角など数値を公式に代入して正しく計算することの指導に偏ってしまうことがあると考え
られます。おうぎ形の弧の長さや面積について的確に求めることができることは，今後の学習
を踏まえると大切ではありますが，おうぎ形の弧の長さや面積を求めるための式がもつ意味に
ついて理解することも考えなくてはなりません。授業者は，この点について重視し，式の意味
を考える場面を授業展開の中に意図的に位置付けており，おうぎ形の弧の長さや面積を求める
式を生徒が表していくことを重視しているのが分かります。事象の中に関係を捉え，一般的に
いえることを見いだし，それを式などの数学的表現で表すこと，さらに，それを適用させるこ
とといったことが深い学びなのではないかと考えます。

　本授業において，円の一部であるおうぎ形とその円との関係を捉えるために，はじめに中心
角が60°である具体的なおうぎ形を取り上げています。授業者は，問題解決のためにおうぎ形
だけをみるのではなく，おうぎ形と円とを関連させて考察を進めることを促しています。さら
に，中心角の大きさに着目して，円からおうぎ形，おうぎ形から円をみるといった双方向によ

る視点で倍関係で捉える場面を設定するといった工夫がみられます。このことから，捉えた関係である「円をもとにするとおうぎ形は$\frac{1}{6}$倍になる」ことを見いだし，円の周の長さとおうぎ形の弧の長さの二つの数量を比べています。全体の数量を円の周の長さ，部分の数量をおうぎ形の弧の長さとし，基準とする数量を

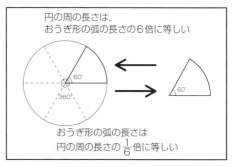

円の周の長さとし，それを１とみて解決するのです。生徒は，算数における割合を振り返りながら，基準とする数量である円の周の長さ２πr（r：円の半径またはおうぎ形の半径）に割合である$\frac{1}{6}$をかけることでおうぎ形の弧の長さを求め，問題解決をすることができます。

⑵ 深い学びに迫る生徒の主体性と他者との学び合い

　問題解決のために，「円の一部であるおうぎ形と円との関係を捉えようとする」や「円の周の長さを基準量，おうぎ形の弧の長さを比較量という数量の関係を捉えようとする」という二つの態度について期待し，本授業では発問や場面の設定を工夫しています。また，学び合いにおいても同様で，問題解決のために捉えることが必要な関係について生徒同士の対話を授業者は求めています。本授業において，関係を捉えることが問題解決のために重要であり，このことについて生徒が前向きに協働的に取り組むことができると考えられます。

2　具体的な評価で生徒に学びの自覚化と達成感を

　本授業は，知識及び技能についての目標を立て指導をしていますが，最後にはおうぎ形の弧の長さや面積について求めることができるかどうかをみることで評価をする必要があります。それは，おうぎ形の弧の長さや面積の求め方を明らかにした後に，中心角や半径の大きさを変えたおうぎ形でも的確に求めることができるかどうか，つまり，式を他の場面でも適用させることができるかどうかで評価を進めることがあります。一方で，本授業においては，おうぎ形の弧の長さや面積を求めるための式について，生徒がつくりだす活動を重視していますので，つくった式を単に覚えるというよりも，割合の考え方をもとに式の意味を理解していることも重視していると考えられます。そこで，おうぎ形の弧の長さを求めるためには，中心角の大きさに着目し，円の周の長さ２πr（r：円の半径またはおうぎ形の半径）に割合である$\frac{a}{360}$（a：中心角）をかけることで求めることができること，そのことをどのようにして導いたのかについて授業の最後に振り返ることも学びを確認するために有効ではないかと考えます。式の形を概観して理解するだけでなく，構造をみてその意味を理解することで，的確に求めることにつながることでしょう。

（佐藤　寿仁）

つくりたい四角形のための「手順」に改善しよう

1 学習指導要領への対応

B(2) 図形の合同

イ(ア) 三角形の合同条件などを基にして三角形や平行四辺形の基本的な性質を論理的に確かめたり，証明を読んで新たな性質を見いだしたりすること。

2 授業で目指す学習者の姿～本時における指導目標～

・三角形の合同条件などを基にして三角形や平行四辺形の基本的な性質を論理的に確かめることができる。

【思考・判断・表現】

3 主体的・対話的で深い学びの実現

本授業の題材として，令和2年度調査問題数学7を取り上げます。本授業の深い学びについて，平行四辺形をつくりだすためには「手順」をどのように変えていけばよいかについて，平行四辺形の性質や平行四辺形になるための条件と関連付けて考察することとします。

前時には，ある三角形において，「手順」どおりにつくった四角形が台形になることを示します。台形になることを判断するには，どのようなことが成り立てばよいかについて既習を振り返り，図形において1組の対辺が平行であることを根拠に明らかにします。それを受けて本授業では，「手順」を改善することで，台形でなく平行四辺形をつくることができるということについて，生徒が探究的に考察を進めていくことを重視します。

考察を進める際には，台形になることを示した後に，他にも四角形ができないかについて問い，「手順」に条件を加えることで他の四角形をつくることができることについて確認します。さらに「手順」を振り返り，点Eの位置を辺BCの中点とすることで，どんな四角形をつくることができそうか予想します。その後，平行四辺形になると予想し，平行四辺形になるための条件に着目して，成り立っているかどうかについて図形の構成要素やそれらの関係などに着目しながら考察し，伝え合う対話的な活動を設定します。この中で，平行四辺形の基本的な性質を振り返ったり，平行四辺形になるための条件をもとに考察を吟味したりします。

このような問題解決を通して，根拠をもとに成り立つことを説明しようとする態度の育成につなげることができると考えます。

4　授業の展開

□「手順」に新たな条件を加えることで，台形以外にどんな四角形をつくることができそうか予想する

> **問題**
>
> 　前の時間には，「AC 上の点 D を中点とすれば，BC 上のどこの点と結ぶ線分で切り分けても，四角形 ABED と△ DEC を合わせると台形をつくることができる」ということを調べました。今日は，「手順」を少し工夫して変えることで，台形以外に四角形をつくることができるか調べてみましょう。
>
> | 『四角形をつくるための手順を考えよう』 | |
> |---|---|
> | 1 時間目 | ・手順をもとにつくった四角形が台形となる理由を考えよう |
> | 2 時間目
（本時） | ・他の四角形をつくるために，手順を改善しよう①（主に平行四辺形） |
> | 3 時間目 | ・他の四角形をつくるために，手順を改善しよう②（長方形，ひし形，正方形） |
>
>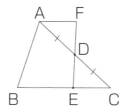
>
> 【手順】
> ①辺 AC の中点に点 D をとる。
> ②辺 BC 上に点 E をとる。ただし，点 E は点 B，C と重ならないものとする。
> ③点 D と点 E を結んでできた線分 DE に沿って切る。
> ④△ DEC を点 D を回転の中心として反時計回りに 180° 回転移動させる。

> 「手順」どおりに操作をすると，四角形 ABEF が台形になることが分かりましたね。「手順」に少し工夫を加えると，台形以外の四角形をつくることはできるでしょうか？

S　平行四辺形かな。ひし形もできるかも。

S　ひし形や正方形もできると思うよ。

□ 平行四辺形をつくるために，「手順」をどのように変えるかについて話し合う

S　①〜④のどこの手順を変えるとよいかな。

S　①は変えないよね。点 D を中点にしたから，四角形をつくることにできたものね。

S　それなら，②を変えてみたらどうだろう。点 E を BC 上のどこでもよい点とするのではなく，BC の中点にしてみたらよいのでは。

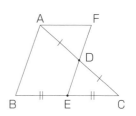

S　点 E を BC の中点にしてみると…。実際に紙を使って試してみたら，平行四辺形になった！

□ 平行四辺形になることを示すための平行四辺形になるための条件を検討する

点 E を BC の中点として「手順」どおりに操作すると，台形 ABEF は平行四辺形になると予想しました。そうなることを示すために何をいえばよいでしょうか？

S　平行四辺形になるための条件を，どれか一ついえばいいと思う。

S　どの条件が成り立ちそうかな。

S　AF と BE は等しくなるよ。

S　そうは見えるけど…。どうしてかな？

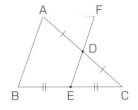

S　点 E が BC の中点だから，BE＝EC になるよね。EC＝AF は台形のときと同じように三角形の合同の関係からいえる。だから，AF＝BE になるよ。

S　そうか，AF＝BE がいえたね。平行四辺形になるための条件は，何がいえそうかな。

S　もともと四角形 ABEF は台形だったから，AF // BE はすでにいえているよね。

T　話し合ったことをまとめてください。台形 ABEF が平行四辺形になることをいうための条件は，どんな条件ですか？

S　使う平行四辺形になるための条件は，「1 組の対辺が平行で，その長さが等しい」です。

□ 平行四辺形となることの説明を振り返り，「手順」を改善する

これまでの考察を振り返ってみて，手順に何を加えれば，台形 ABEF を平行四辺形にすることができますか？

S　手順②を「BC の中点に点 E をとる」と直します。この「手順」どおりに操作すると，台形 ABEF は平行四辺形になるといえます。

【手順】

①辺 AC の中点に点 D をとる。

②辺 BC 上に点 E をとる。
　　ただし，点 E は点 B，C と重ならないものとする。

③点 D と点 E を結んでできた線分 DE に沿って切る。

④△DEC を点 D を回転の中心として反時計回りに180°回転移動させる。

□ 「手順」を改善したことで，平行四辺形をつくることができたことを振り返る

「手順」に加えることで，つくることができる四角形を台形から平行四辺形に変えることができました。そのとき，どのようなことに注目して考えましたか？

S　台形 ABEF の辺の長さや位置関係を調べました。また，平行四辺形になることをいうために「平行四辺形になるための条件」を使いました。

T　さらに「手順」に何か加えることで，台形や平行四辺形以外の四角形をつくることはできそうですか？

S　たぶんできると思います。つくりたい四角形の特徴を考えると，「手順」に何を加えるとよいかが分かるのではないかと思います。

S　長方形やひし形，正方形などつくることができるのではないかな。

T　分かりました。次の授業では，長方形やひし形，正方形などをつくるための「手順」についてさらに調べていきましょう。

5　学習者の学びをフィードバック！～指導と評価の一体化～

　本授業は，点 E を BC の中点としたとき，「手順」どおりに操作してできた四角形が台形になることを受けて，どのような「手順」にすれば平行四辺形ができるかを考えること，点 E を BC の中点としたとき，台形 ABEF が平行四辺形になることを論理的に考察することができることを評価します。

　はじめは直観的に平行四辺形になることを考えるものの，図形において，辺の長さや辺と辺との位置関係など図形の構成要素に着目して，平行四辺形になるかどうかを検討することについて，生徒とのやり取りやノートの記述などで観察します。さらに，平行四辺形になることを示すためには平行四辺形になるための条件をいえばよいことを確認し，対応する辺の長さや位置関係に着目して，適合する平行四辺形になるための条件を的確にあげることができればおおむね満足できる状況とします。

　選択した平行四辺形になるための条件について，成り立たせる具体の条件について，記号などを用いて記述することができれば十分満足できる状況と判断できると考えます。また，そのことを説明し合ったりする様子を見取ることでよりよく説明していると評価します。最後に，手順②を「BC の中点に点 E をとる」に変えるといった「手順」の改善をしたかどうかを確認します。

（似内美奈子）

B 図形〔第2学年 三角形と四角形〕解説

図形における辺や角の関係に着目し，論理的に考察すること

1 主体的・対話的で深い学びを実現するための授業改善の視点

　本授業では，ある「手順」に沿って操作してできた図形について考察するという問題解決において，「手順」に新たな手順を加えるといった改善することでできた図形について論理的に考察し，根拠を示して説明することを重視しています。題材については，下のような令和2年度調査問題⑦をもとにしており，そのうちの(2)を中心に取り上げ，展開されています。この授業について振り返ってみましょう。

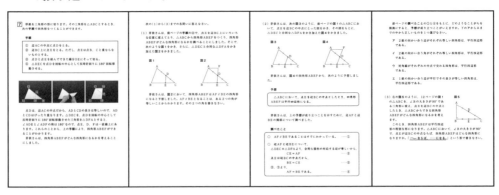

⑴ 深い学びをどう捉えるか

　前時における，「手順」どおりに操作してできる四角形について，論理的に考察し台形になることを証明するといったことを受け，二つの問題解決を設定しています。

- ・操作によってできる四角形を平行四辺形にするために「手順」を改善すること
- ・考えた手順（条件）によって，必ず平行四辺形ができることを説明すること

　そのために，できる四角形について平行四辺形に焦点を当て，手順を考える活動，その手順で必ず平行四辺形ができることを数学的に説明する活動を位置付けた授業展開がみられます。生徒は紙などを使って実際に操作し，点 E を BC の中点にすれば，平行四辺形ができると予想することが考えられます。この場合にできた四角形が平行四辺形になることについて，生徒は見た目で判断したりすることが考えられるため，「平行四辺形になることを示すためには？」と，授業者の問い返しがみられます。このことは予想した事柄が成り立つことをいうために根拠が必要であり，それを示すことの必要性について促していることが分かります。根拠を示して成り立つ事柄を数学的に説明することを重視した授業であり，このことが深い学びとなると考えます。また，本授業における注目すべき学習活動として，生徒による「手順」の改善があげられます。生徒は与えられた事柄について論理的に考察し，成り立つ事柄を説明する場面が

多いですが，本授業のようにある図形（ここでは平行四辺形）をつくるための前提となる条件について考察し，そのことが正しいかどうか数学的に説明することは，論理的に考察することにおいて大切だと考えられます。「全国調査」においても前提条件を考えることについては課題であることが報告されています。本授業における深い学びとして考えられるところです。

　指導計画にも工夫がみられます。本授業は3時間計画のうちの2時間目として設定されており，3時間目にはさらに手順を改善していくことで台形，平行四辺形以外の四角形についてもつくることができるかどうかの考察を計画しています。これは本授業では扱わなかった設問(3)にあたります。このように，発展的に考察することについても意図的に計画することで，連続的な問いの発生を促し，数学的な考察を深めることにつながります。

(2) 深い学びに迫る生徒の主体性と他者との学び合い

　「手順」の一部を変えて操作することで平行四辺形ができることを説明するために，見通しをもって進めることを大切に展開されています。このような過程で大切にしたいことは，図形を観察することで，辺の長さや位置関係に着目して考えようとする数学への態度と考えます。また，授業者と生徒，生徒同士でのやり取りにおいても，平行四辺形になることを説明するために，複数ある平行四辺形になるための条件のうち，どれを用いれば説明できるかを伝え合うといった対話の場面も設定されており，問題解決のために数学での対話を重視しています。特に，平行四辺形になるための条件として，四角形 ABEF における AF と BE の長さが等しくなることについては，「BE ＝ EC かつ EC ＝ AF」であることから導かれますが，このことについても筋道を立てて考えることとして重視し，自他との対話によって「BE ＝ EC，EC ＝ AF だから AF ＝ BE になる」ことを説明することを大切にしたいと考えます。

2　具体的な評価で生徒に学びの自覚化と達成感を

　本授業の評価について，「三角形の合同条件などを基にして三角形や平行四辺形の基本的な性質を論理的に確かめることができる」とし，点 E は BC の中点であることを加えた「手順」により台形 ABEF が平行四辺形になることを論理的に考察できたかどうかについて，主として評価するものと考えます。このことを，観察やノートの記述で評価しようとしています。証明が書けたかどうかだけでなく，考察の過程についても生徒の状況を観察し，記述と合わせて評価をしようとしています。また，記述による評価についても，台形 ABEF が平行四辺形になることをいうための成立条件について正しく述べている生徒，平行四辺形になるための条件を満たす関係の具体を表現し，平行四辺形になることの理由の説明を表現できているものについて十分満足できる状況と判断していることが分かります。論理的に考察することについて，生徒が数学的に表現したことを認め評価していることが計画されており，指導と評価の一体化に努めている授業であります。

（佐藤　寿仁）

証明を振り返り，事柄が成り立つための条件を見いだそう

1 学習指導要領への対応

B(1) 図形の相似

イ(イ) 平行線と線分の比についての性質を見いだし，それらを確かめること。

2 授業で目指す学習者の姿～本時における指導目標～

・「四角形の各辺の中点を結んでできる四角形は，ひし形になる」が成り立つときの四角形がどんな四角形かを見いだすことができる。

【思考・判断・表現】

3 主体的・対話的で深い学びの実現

本授業の題材として，四角形の各辺の中点を結んでできる四角形が平行四辺形になることの証明をもとに，各辺の中点を結んでできる四角形が，ひし形になるための条件を見いだすといった問題解決を取り上げます。

本授業の深い学びを，四角形の各辺の中点を結んでできる四角形が，ひし形になるための前提となる条件を考察し，根拠を示して説明することとします。特にこの題材では，前提となる四角形が，最初に考えることが予想される「長方形」から，「対角線が等しい四角形」へ評価したり改善したりすることが深い学びであると考えます。

生徒はコンピュータを使って，四角形をいろいろに変え，その四角形の各辺の中点を結んでできる四角形を観察する活動を通して，ひし形になる場合があることを確認します。その上で，事柄についての予想を促します。さらに，予想した事柄が成り立つことを，ひし形の定義や中点連結定理を根拠にして説明しようとする態度を重視します。授業では，事柄を予想しようとする，根拠を明らかにして成り立つことを説明しようとするといった，生徒の数学への態度を期待するとともに，自力解決や集団での解決の時間を設定することで，根拠を示して説明し合うことを対話によって進めたいと考えます。

本授業後には，各辺の中点を結んでできる四角形が長方形になるための条件，正方形になるための条件などを考えるといった探究的な学習を考え，問い続けることで新たな事柄を発見し，レポートなどを通して，生徒自身で数学的な考察を進めていくものとします。

4 授業の展開

□ 図形を動かして観察し，成り立つ事柄を予想する

前回の学習を振り返ります。前回はどのような問題解決をしましたか？

S 四角形 ABCD の辺 AB，BC，CD，DA の中点をそれぞれ E，F，G，H とするとき，四角形 EFGH は平行四辺形になることを証明しました。

四角形 ABCD の対角線 AC を引くと，△ABC において，

E は辺 AB の中点，F は辺 BC の中点であるから，

$EF /\!/ AC,\ EF = \dfrac{1}{2} AC$

△ADC においても同様にして，

$HG /\!/ AC,\ HG = \dfrac{1}{2} AC$

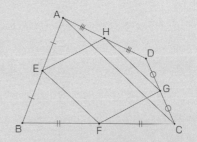

したがって，EF // HG，EF = HG がいえる。1 組の対辺が平行でその長さが等しいから，四角形 EFGH は平行四辺形になる。

T このときの証明では，根拠としてどのような定理を使いましたか？

S 中点連結定理を使いました。

S 平行四辺形になるための条件も使いました。

T そうですね。中点連結定理を使って，EF や HG が対角線 AC と平行であること，EF や HG が対角線 AC の半分の長さであることを説明しました。四角形 EFGH が，平行四辺形以外の四角形になるときもあるでしょうか？

S あると思うよ。例えば，長方形とかひし形とか。

S 前の時間みたいに，四角形 ABCD の形を変えてみれば分かるよ。

T 前回の時間と同じようにコンピュータを使って，平行四辺形以外の四角形ができるかどうかについてみてみましょう。

S 四角形 ABCD を長方形にしたら，ひし形ができた。

S 四角形 ABCD を正方形にしたら，正方形ができた。

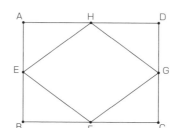
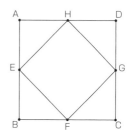

□ 予想した事柄が成り立つかどうか，根拠を示して説明する

 コンピュータを操作してみると，ひし形や正方形ができる場合がありそうだということが分かりましたね。それでは，まず，「四角形 ABCD が長方形のとき，四角形 EFGH がひし形になる」ことについて考えましょう。

S　前回の証明は使えないかな。中点連結定理が使えるのでは。

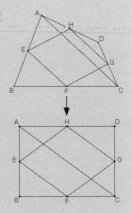

　四角形 ABCD の対角線 AC を引くと，△ABC において，E は辺 AB の中点，F は辺 BC の中点であるから，

$$EF /\!/ AC, \quad EF = \frac{1}{2} AC$$

　△ADC においても同様にして

$$HG /\!/ AC, \quad HG = \frac{1}{2} AC$$

　したがって，EF // HG，EF = HG がいえる。1 組の対辺が平行でその長さが等しいから，四角形 EFGH は平行四辺形になる。

S　ひし形って，隣り合う辺が等しい四角形だよね。

T　長方形の対角線に何か特徴はありましたか？

S　中点連結定理を使うと，前と同じように EF = HG はいえるよね。△ABD と△CBD でも中点連結定理を使えば，EH = FG もいえるよ。

S　長方形の対角線は等しい…。そうか，EF，HG，EH，FG はみな長方形の対角線の半分の長さだよね。

S　EF = HG = EH = FG だから，四角形 ABCD が長方形ならば四角形 EFGH はひし形になるよ。

T　四角形 ABCD が長方形でないときにも，四角形 EFGH がひし形になるときはないのかな，あるのかな？

S　実はコンピュータで調べていたら見つけました。

S　私も見つけました。長方形ではないのにひし形になっています。

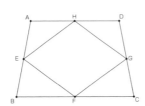　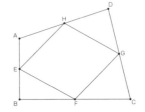

□ **成り立つ事柄について，観察した図形をもとに再検討する**

> 確かに，四角形 ABCD は長方形ではないですね。では，四角形 ABCD が
> どんな四角形なら，四角形 EFGH がひし形になるといえるのでしょうか？

S　どの四角形にも，何か共通することがあると思うよ。

S　長方形は対角線が等しいから，EF = HG = EH = FG になったよね。

S　そうだよ。対角線 AC と BD が等しく，その対角線の長さの半分になると考えたよね。

S　もう一度，成り立つ四角形をみてみよう。

S　成り立つ四角形をみてみると，対角線は長さが等しいよ。だから，成り立つ四角形では，
　　四角形 EFGH の4辺の長さは等しくなるよ。

T　どんなことが分かりましたか？

S　「対角線が等しい四角形の各辺の中点を結んだ四角形は，ひし形になる」ということが分
　　かりました。

T　では，成り立つことを証明してみましょう。

T　対角線が等しい四角形ならば，ひし形になることが証明できましたね。さて，次にどのよ
　　うなことを考えてみたいですか？

5　学習者の学びをフィードバック！〜指導と評価の一体化〜

　本時は，「『四角形の各辺の中点を結んでできる四角形は，ひし形になる』が成り立つときの
四角形がどんな四角形かを見いだすことができる」という目標です。授業では，コンピュータ
を使っていろいろな四角形において，各辺の中点をとったときにできる四角形について考察し
ます。見いだした「四角形 ABCD が長方形ならば，四角形 EFGH はひし形になる」という
ことでは，他にも成り立つ四角形が存在することから不十分であることに気付き，「AC =
BD の四角形 ABCD ならば，四角形 EFGH はひし形になる」へ改善することを問題解決とし
ます。

　四角形 EFGH がひし形になるための本質的な条件として，「対角線が等しい四角形」を見い
だし，「対角線が等しい四角形の各辺の中点を結んでできる四角形は，ひし形になる」ことを
説明することができれば，おおむね満足できる状況とみてよいとします。また，事柄を説明す
るだけではなく，成り立つことについて証明することができれば十分満足できる状況と判断し
ます。前時の証明を参考にして記述することも認め，理由の説明をすることに取り組むことも
大切です。本授業後に，四角形 EFGH が長方形や正方形になるための条件について考察し，
レポートにまとめるといった活動も考えられます。その際にも同じように学習評価を行います。

（泉　　一也）

観察や操作，実験などの活動を通して，探究的に考察すること

1　主体的・対話的で深い学びを実現するための授業改善の視点

　本授業は，図形における成り立つと予想される事柄について，論理的に考察し説明することを問題解決とした実践になります。第3学年での図形の証明における指導については，第2学年での学習経験をもとに学習を進めることが大切です。本授業で扱った題材は，第3学年「図形の相似」において，三角形と比について考察した後に，四角形の各辺の中点を結んでできる四角形を考察するというものであり，多くの先生に実践されているものと考えられます。成り立つ事柄を予想し，既に認めた図形の性質やある図形になるための条件などを使いながら，論理的に考察する大切な時間です。

(1) 深い学びをどう捉えるか

　数学的に証明する際には，その根拠を明らかにすることが大切です。第2学年での学習では，図形の性質を証明しようとするときに三角形の合同の関係に着目することで証明を進めることが多いでしょう。そういった証明を生徒が経験することで，証明は三角形の合同の関係をいうものと誤解することがあります。学習が進むにつれ，常に成り立つことが認められている事柄を証明の根拠にして考察する場面が増えてくることを踏まえて授業づくりを進めることが大切です。本授業においては証明することが深い学びであるというわけでなく，問題解決の過程を重視していると考えられます。本授業の問題解決の過程は，次のように整理できます。

 ① 帰納的に考えることで，成り立つ事柄を予想すること

 ② 予想した事柄が成り立つことを，既に認めた図形の性質を根拠にして証明すること

 ③ 証明や証明した事柄を振り返り，問題解決したことについて吟味すること

　これらは，先に紹介した第3学年の数と式の実践と類似しています。数に関する性質について成り立つことを説明する際には，文字を用いた式を説明したい事柄に合わせて変形するなどして考察を進めますが，図形の考察の場合には，②のように図形における辺や角の大きさについて調べることや，学んだ図形の性質を証明の根拠として示すことをしながら考察を進めます。本授業の場合には，中点連結定理を根拠にして証明することが学びの深まりにつながるところです。さらに，本授業の前半において「長方形の各中点を結んでできる四角形EFGHは，ひし形になる」という事柄が成り立つことを証明しています。前時の平行四辺形のときと同じように，中点連結定理を根拠として証明することができますので数学的に正しいといえます。しかし，授業者は「四角形ABCDが長方形でないときにも，四角形EFGHがひし形になるときはないのかな，あるのかな？」と問い返すことで，この事柄について吟味すること，いわゆ

る批判的に考察することについて促しています。このことで「AC ＝ BD である四角形 ABCD ならば，四角形 EFGH はひし形になる」ことを捉え，事柄の前提について評価して改善する活動を意図的に生み出しています。先にあげた③に当たります。この吟味する活動により，前提として捉えた長方形よりも成り立つ四角形として拡張させた対角線が等しい四角形という集合において事柄が成り立つことに気付きました。このことは統合的・発展的な考察といえ，数学的な考え方の高まりがみられ，学びの深まりとして考えられます。

⑵ 深い学びに迫る生徒の主体性と他者との学び合い

　授業者は，一連の問題解決の過程において，数学への態度を重視していることが分かります。例えば，ICT を活用した図形の観察や操作，実験を通して事柄の予想をしようとする態度，図形の構成要素に相等関係を見いだすことや，位置関係を捉えるなど関係に着目しようとする態度です。証明を記述することのみを目的とするのではなく，問題解決に主体的に取り組む生徒の数学での姿を大切にして授業を展開していると考えられます。また，生徒同士が話し合いながら考察する場面の設定がみられますが，問題解決のために，ただ話していればよいというのでなく数学での対話を求めています。特に，事柄を吟味し統合する場面においては，コンピュータを使ってみつけた図形を振り返り，それらに共通することを交流することで，統合するための本質的な条件である「対角線が等しい」ことを発見するために対話を設定しています。予想した事柄が成り立つことを説明するために，数学への態度やその際の言語的表現について授業者がしっかりと捉え，授業に臨んでいることが分かります。

2　具体的な評価で生徒に学びの自覚化と達成感を

　図形の学習では，論理的に考察することができるかどうかを見取るといった評価が多くみられます。その際に，生徒が書いた証明をどのような視点でみるか，また，それを書く過程における生徒の姿をどう捉えるか考えることが大切です。本授業においても，証明における生徒の記述を確認するために，ノートなどの記述から見取ることが考えられます。その際に，授業者は説明すべき事柄である「対角線が等しい四角形の各辺の中点を結んでできる四角形は，ひし形になる」ことを記述するといった事柄の説明の有無が評価の対象となるでしょう。証明については，様式ということでなく，「○○だから△△である」といった理由の説明の有無を確認することが大切です。例えば，図における EF ＝ HG といった関係が成り立つことについて，中点連結定理を根拠にして数学的に表現している記述があるかどうかです。また，書き方のみにこだわるのではなく，生徒とのやり取りの中でも数学的な表現を用いて理由を説明しているかどうかについてみることも考えられます。さらに，授業の終わりには発展的に考えることができないかを問いかけ，生徒が新たな問いをもち，追究するといった探究的な学びを促しています。このことにより，生徒が予想した事柄について成り立つことの説明もレポートなどで評価し，学習評価のための記録とすることも考えられます。

（佐藤　寿仁）

プロジェクターの最適な投映距離を見つけよう

1　学習指導要領への対応

C(1)　比例，反比例

イ(イ)　比例，反比例を用いて具体的な事象を捉え考察し表現すること。

2　授業で目指す学習者の姿〜本時における指導目標〜

・具体的な事象から取り出した二つの数量の関係を，理想化したり単純化したりして比例，反比例とみなし，変化や対応の様子を調べたり，予測したりすることができる。

【思考・判断・表現】

3　主体的・対話的で深い学びの実現

　本授業の題材として，平成27年度調査問題数学B①を取り上げます。

　本授業における深い学びを，プロジェクターを置く位置についてスクリーンからどのくらい離れていればよいか最適な距離を決めるという問題解決において，実際にプロジェクターを置くなどして試行錯誤しながら位置を調整するのではなく，伴って変わる二つの変量を見いだし，比例の関係を捉え，それを利用して問題解決することとします。文化祭のオープニング映像をプロジェクターでなるべく大きく映し出すために，プロジェクターを設置する最適な位置を考える場面を設定し，スクリーンからプロジェクターまでの投映距離と，そのときのプロジェクターでスクリーンに映し出された投映画面の大きさについて実験し，その二つの数量についての関数関係を捉える活動を設定します。

　実験で得られた投影距離と投影画面の大きさについて表にまとめ，これまで学んできた比例や反比例の特徴をもとに，変化や対応などを調べることで，「投影画面の縦（横）の長さは，投影距離に比例する」という具体的な関数関係を見いだそうとするといった主体的に問題解決しようとする生徒の姿を期待します。その際に，作成した表から，変化の様子や対応について分かったことを伝え合うこと，また，捉えた比例の関係をもとに最適な投影距離について，比例の式やグラフなどをどのように用いていけばよいかなどをグループなどで話し合うといった問題解決のための対話についても重視し，設定することとします。

4 授業の展開

□ プロジェクターで映し出すという状況から，本時の問題を見いだす

> 文化祭のオープニングでは，市民会館のスクリーンにプロジェクターで映像を映す計画を立てています。映像をスクリーンになるべく大きく映したいのですが，どのような準備をする必要があるでしょうか？

S　市民会館のスクリーンの実際の大きさが分かればいいと思います。

T　市民会館のスクリーンの大きさは，高さが約7m，幅が約20mですよ。

S　プロジェクターで映し出される画面の大きさが，どのくらいかを調べる必要があります。

S　画面の大きさは，プロジェクターをスクリーンからどのくらい離して置くかで変わるよ。置く位置を決めないといけないね。

T　プロジェクターの位置を決めるために，プロジェクターについて，どのようなことが分かれば決めることができそうですか？

S　置く位置によっての画面の大きさが分かれば，市民会館でのプロジェクターを置く位置をきめることができそうだよ。

□ スクリーンから置く位置までの距離（投映距離）と投映画面の大きさ（高さと幅）を調べ，二つの数量の関係について考察する

> 投映距離と投映画面の高さと幅を調べ，それらの関係について気付いたことをノートにまとめましょう。

投映距離（m）	投映画面の大きさ	
	高さ（m）	幅（m）
0.5	0.3	0.5
1.0	0.6	1.0
1.5	0.9	1.5
2.0	1.2	2.0

T　まず，投映距離と投映画面の高さや幅について，どのような関係があるでしょうか？グループで話し合ってみましょう。

S　投映距離が長くなると，投映画面は大きくなるね。

S　投映画面の高さは0.3ずつ，投映画面の幅は0.5ずつ増えているよ。

S　投映距離が2倍，3倍となると，投映画面の高さと幅も2倍，3倍になっているね。

S　ということは，投映画面の高さは，投映距離に比例している。投影画面の幅も同じように比例しているとみてよいのでは。

□ 見いだした比例の関係を利用して，最適な投映距離について求める

> 市民会館のスクリーンの大きさは，高さ7m，幅20mです。投映画面をスクリーンからはみ出さないようにして，できるだけ大きく映し出すためには，投映距離を何mにすればよいですか？考えてみましょう。

S　高さは距離に比例しているとみているので，投映距離をxm，投映画面の高さをymとすると，$y=0.6x$となります。

S　同じように，投映距離をxm，投映画面の幅をzmとすると，式は，$z=x$となります。

S　市民会館のスクリーンの高さは7mだから，高さの式である$y=0.6x$に$y=7$を代入すると，$x=11.6\cdots$となり，投映距離は約11.7mとなります。

S　スクリーンが横長であるため，高さが7mに収まる投映距離が11.7mのときに，投映画面が最も大きくなります。

投映距離をxm，投映画面の高さをymとすると，$y=0.6x$となる。 　市民会館のスクリーンの高さは7mだから，高さの式$y=0.6x$に$y=7$を代入する。	$7=0.6x$ $6x=70$ $x=11.6\cdots$ スクリーンが横長であるため，高さが7mに収まる投映距離が11.7mのときに，投映画面が最も大きくなる。

生徒のノート

□ 実際に試した結果をみせ，問題解決する

 実は，市民会館で確認してきました。そのときの様子を動画に収めてきました。それを観てみましょう（動画を視聴する）。そのときのスクリーンからの投影距離は，11.5mでした。

S　比例の関係をもとにして考えた式で使うことでうまくいきました。

□ 学習を振り返り，関数として捉えることのよさについて考える

 今日の授業では，実際に市民会館に行かなくてもプロジェクターを置く位置である投影距離についてのだいたいの距離を調べることができましたね。今日の問題解決の方法について，振り返ってみましょう。

S　投映画面の高さは投映距離に比例することが分かったので，それをもとに投映距離と投映画面の高さの関係を式に表しました。その式に投映画面の高さを代入して，投映距離を求めることができました。

5　学習者の学びをフィードバック！～指導と評価の一体化～

　本授業における指導目標について評価を行うために，二つの場面において学習評価を実施する計画です。

　一つめは，関数の見方で投影距離と投影画面（高さ，幅）の関係を表で調べ，変化や対応から，その関係に比例の関係を見いだし，「投影画面の高さは，投影距離に比例する」といった関数関係を捉え説明する場面です。評価方法として，生徒の発言やノートの記述で行います。二つの数量を取り上げ，これに比例するといった関係を表現することにとどまらず，独立変数と従属変数を捉え，関数関係を表現していることを十分満足できる状況としてみることができると考えます。

　二つめは，見いだした比例の関係を利用して，実際に最適な投影距離を求め，その方法を説明する場面です。評価方法として，生徒の発言やノートの記述で行います。問題解決の方法に焦点を当て，表，式，グラフなどを用いたものと，それをどのように用いたのかについて説明していることを十分満足できる状況とみます。例えば，投映画面の高さが投映距離に比例すると捉えた上で，投映距離と投映画面の関係を式に表し，投映画面の高さを代入して投映距離を求めるといった説明を評価します。また，本授業の振り返りとして，関数のよさについて考える場面を設定することで，本時の学びの自覚を促します。

（五十嵐　淳）

事象における比例関係を捉え,その特徴を用いて問題解決をすること

1　主体的・対話的で深い学びを実現するための授業改善の視点

　本時は，生徒が事象における比例関係を捉え，比例の特徴を活用して問題解決する実践です。題材は下のような平成27年度調査問題B①をもとにしており，(1)，(2)を中心に取り上げ展開されています。この授業について，振り返ってみましょう。

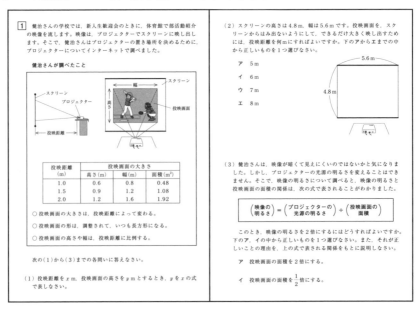

⑴ 深い学びをどう捉えるか

　小学校算数第5学年で簡単な比例，第6学年で比例・反比例を学習した生徒は，中学校数学で関数の見方について学び，比例や反比例を負の数へ拡張させてその特徴を考察します。本時について授業者は，生徒がこれまでに学んできた比例や反比例の関係を活用して問題解決する実践ですが，日常の事象を取り上げることで深い学びとなるということでなく，事象における伴って変わる二つの数量を取り出し，その二つの数量の関係を比例で捉え，その特徴を用いて問題解決することを深い学びとしています。この授業についてまず注目したいことは，伴って変わる二つの数量を見いだし関数の見方で事象を捉える場面を設定しているということです。このことは，プロジェクターを置く位置を考えるという問題を生徒とのやり取りの中で事象を関数として捉えることが確認されています。さらに，関数として見いだした二つの数量である「投影距離」と「投影画面の高さや幅」について，実験により得られたデータを表にして変化や対応を調べることにより，比例の関係を捉える場面を設定しています。小学校算数では，題

材として取り上げる事象には比例関係が内在しており，こういった変化や対応から関数関係を捉えるという活動はあまり行われませんので，小中の学びをつなぐ意味でも大切だと考えられます。実際に問題解決する際には，市民会館にあるスクリーンにできるだけ大きく映すという目的に沿って，比例の関係を活用して表，式を用いています。グラフを用いて考察することもあるでしょう。ここで大切なことは，スクリーンの高さと幅で調整しているため，ピッタリと合うといった投影距離を考えることが難しいために，できるだけ大きく映すための最適な投影距離を問題解決としているところです。

(2) 深い学びに迫る生徒の主体性と他者との学び合い

本時の問題解決のために，生徒が関数の見方で事象を解釈しようとすること，伴って変わる二つの数量について，表での変化や対応でみつけた特徴を根拠に関数関係を捉えようとすること，そして，捉えた関数関係の特徴を用いて問題解決しようとすることなどが問題に向き合う生徒の主体性として授業者が想定していることが分かります。問題解決に向けて，関数の見方で事象をみつめ，関数関係の特徴を生かして問題を解決するといったことを関数を活用してよりよく問題を解決しようとする姿として重視しています。また，他者と協働して問題解決する際には，具体の関数関係について，表において見いだした特徴を伝え合うことや，最適な投影距離を求めるために，比例の式を用いてどのように処理を進めていくのかといった方法を伝え合うような場面を授業に設定しています。特に，事象を比例の関係で捉えることに気付き，それを根拠をもって認め合う対話，最適な投影距離をつくった比例の式に代入をして計算された値をスクリーンの大きさに照らし合わせて判断していくといった対話など，数学的に考察を進める際の生徒同士，また，授業者とのやり取りを意識していることが分かります。

2 具体的な評価で生徒に学びの自覚化と達成感を

授業者は，本時の指導目標について，「具体的な事象から取り出した二つの数量の関係を，理想化したり単純化したりして比例，反比例とみなし，変化や対応の様子を調べたり，予測したりすることができる」としています。小学校算数ではなかった，事象の問題解決に必要な伴って変わる二つの数量を見いだし関数として説明すること，それが比例であることを表から読み取り比例の関係であることを説明することについて場面を設定し，積極的に評価しようとしています。また，比例の関係とみているから，比例の特徴を用いて最適な投影距離を調べ問題解決することを評価しようとしています。場面を意図的に設定して生徒のノートや発言などを観察することでの評価が主になっていますが，注目すべきは，問題解決をした後にその方法を振り返ることで，問題解決のプロセスを振り返り，理想化したり単純化したりして関数関係を捉えること，その特徴を用いて最適な投影距離を求める方法について，生徒が書き出し，問題解決の過程から解決の方法を自覚するといった認知の変容について見取ることも重視していることが分かります。

（佐藤　寿仁）

一次関数のグラフを利用して，購入する冷蔵庫を選ぼう

1 学習指導要領への対応

C(1) 一次関数

イ(イ) 一次関数を用いて具体的な事象を捉え考察し表現すること。

2 授業で目指す学習者の姿〜本時における指導目標〜

・一次関数を用いて具体的な事象を捉え考察し，問題解決のための方法を説明することができる。

【思考・判断・表現】

3 主体的・対話的で深い学びの実現

本授業の題材として，平成31年度（令和元年度）調査問題数学⑥を取り上げます。本授業では，①グラフを事象に即して解釈すること，②問題解決の構想や見通しを立て，問題解決の方法について説明することを主な学習活動とします。本時における深い学びを，問題解決の過程や方法を振り返り，表，式，グラフの用い方を振り返ることでそれぞれのよさを実感することとし，そして，今後直面する問題解決に生かそうとする態度の涵養を目指します。

導入では，グラフを事象に即して解釈する活動を設定し，はじめにグラフから分かることについて個で思考する時間を取ります。その際，点PとQの座標，点PとQのx座標の差とy座標の差に着目させるなど，グラフの見方を明確に示し，主体的に学びに向かえるようにします。点PとQのx座標の差を「8年間使用するのに総費用として120000円」と捉える生徒もいるので，グラフから分かることを全体共有する際に，y座標の差が何を表すかについて交流させ，「8年間の電気代が120000円」と解釈できるようにします。

また，問題解決の構想や見通しを立て，問題解決の方法について説明する活動においては，二つの冷蔵庫の総費用が等しくなる使用年数を求める方法を，グラフを用いて説明することを取り上げ，話合いの場面を設定します。「二つのグラフの交点を求める」と，生徒は直観的に捉えがちですが，交点を求めることで，どうして総費用が等しくなる使用年数を求めることができるのかを問いかけ，その理由について考えを交流させるといった対話的な活動を設定し，グラフに関する用語（x座標，y座標など）を用いて説明できるようにします。

本時の終末では，立てた見通しと問題解決に用いた方法について検討する視点を与え，振り返ります。

4 授業の展開

□ 冷蔵庫Aのグラフについて，事象に即して解釈する

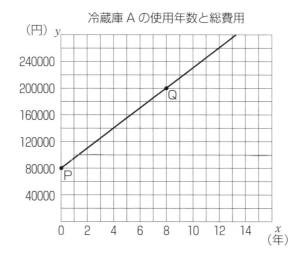

冷蔵庫Aの使用年数と総費用

> このグラフからどのようなことが分かりますか？

S 縦軸の単位が円なので，冷蔵庫Aの総費用，横軸の単位は年なので，冷蔵庫Aの使用年数を表しているね。

S 直線のグラフだから，一次関数の関係になるよ。

T なるほど，一次関数であることが分かったのですね。他にグラフから分かることはありますか？

S 点Pはグラフの切片になっているよ。$x=0$のとき，$y=80000$だから，冷蔵庫Aの本体価格80000円を表しているよ。

S 点Qは$x=8$，$y=200000$なので，冷蔵庫Aを購入して8年間使用するときの総費用は200000円ということだね。

T 点PとQの座標に着目したのですね。点PとQのx座標とy座標の差から，それぞれどのようなことが分かりそうですか？

S 点PとQのx座標の差は8なので，購入してから使用年数が8年ということかな。

S 点PとQのy座標の差は120000だから，8年間使用するのに，総費用として120000円もかかるということだね。

S そうかな…。総費用には本体価格も含まれるから，8年間使用した総費用ではないと思うな。y座標の差はyの増加量を示すから，yの増加量120000は購入してから8年間の電気代が120000円ということだね。

□ 問題解決の構想や見通しを立て，問題解決をする方法を説明する

 皆さんが健太さんなら，家族に冷蔵庫B，Cのどちらを勧めますか？

S 本体価格が安い冷蔵庫Bがいいかな。でも，電気代は冷蔵庫Cの方が安いな。

S 最初のうちは，冷蔵庫Cの方が総費用は高いけど，冷蔵庫Bと総費用が等しくなるときがあるのではないかな。

T 二つの冷蔵庫の総費用が，等しくなるときがありそうです。そのときの使用年数を求めるために，これまで学習したことで使えそうなことはありますか？

S グラフをかいてみると分かりそう。

S 表をもとに総費用を求める式をつくれば，分かるかもしれないね。

T 総費用が等しくなるときの使用年数を求めるためには，グラフや式を用いて考えることができそうです。まず，グラフを用いて使用年数を求める方法について説明してみましょう。

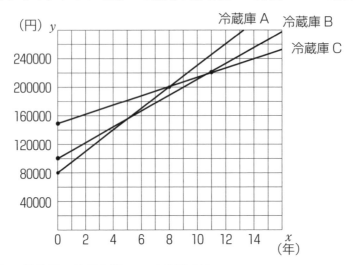

S 冷蔵庫BとCの総費用は使用年数の一次関数だね。

S 冷蔵庫BとCのグラフには交点がある。

S 二つのグラフの交点をみれば，総費用が等しくなるときが分かるよね。

T 二つのグラフの交点を読み取ることで，どうして総費用が等しいときが分かるのですか？

S 二つのグラフの交点は，x 座標と y 座標の値が等しいときです。だから，使用年数と総費用が等しいときといえます。

T 二つの冷蔵庫の総費用が等しくなるときの使用年数は，どのようにして求めればよいですか？

S 使用年数を求めたいから，二つのグラフの交点の x 座標を読めば分かります。

□ 問題解決を確認し，問題解決の過程を振り返る

> グラフを用いて調べたことから，皆さんはどちらの冷蔵庫を購入しますか？

S　総費用が安い方がいいから，11年くらいで買い換えるなら冷蔵庫B，それ以上使うなら冷蔵庫Cにするよ。

T　今日は，総費用が等しくなる使用年数を求める方法について，グラフを用いて説明しました。この方法についてノートにまとめましょう。次は，式を用いて使用年数を求める方法について話し合ってみましょう。

5　学習者の学びをフィードバック！〜指導と評価の一体化〜

　本授業における指導目標について，示された一次関数のグラフを事象に即して解釈することは，問題解決するために大切なことです。冷蔵庫Bと冷蔵庫Cの総費用が等しくなるときの総使用年数を明らかにすることが必要ですが，そのための方法を数学的に表現することができるかどうかで目標が達成されているかどうかをみます。

　その際，二つの一次関数のグラフの交点を読めばよいといった記述については，問題解決のために着目すべきところについて数学的に表現しているので，おおむね満足できる状況にあるとします。着目すべき二つのグラフの交点を捉え，その交点の座標について，問題解決のために明らかにすべき x 座標について明らかにすることを記述していれば十分満足できる状況と評価します。

　問題解決の方法について，見通しの段階において「グラフをみればよい」といった数学的な説明として不十分なものを発表したり記述したりすることが考えられます。評価をする際には授業の最後に方法の説明について振り返り，個人でまとめるといった場面を設定します。授業の中でも他者と交流をすることや生徒が発言することなども観察し，変容を見取り評価の参考にします。書いて表現することが難しい生徒に対しては，問題解決の状況について聞き取り，それをもとにして評価することも考えられます。

　なお，評価規準を設定するときには，「全国調査」の解答類型を参考にして評価について計画します。ノートで評価し，それを生徒に返却する際には，数学的によりよい表現について共有する場面を設定し，今後の問題解決に生かしていくことを促します。

（仲村　晶子）

問題解決するために，一次関数のグラフを用いること

1　主体的・対話的で深い学びを実現するための授業改善の視点

　本時は，事象を関数の見方で捉え，一次関数を利用して問題解決する実践です。題材は下のような平成31年度（令和元年度）調査問題⑥をもとにしており，(3)を中心に取り上げ展開されています。この授業について，振り返ってみましょう。

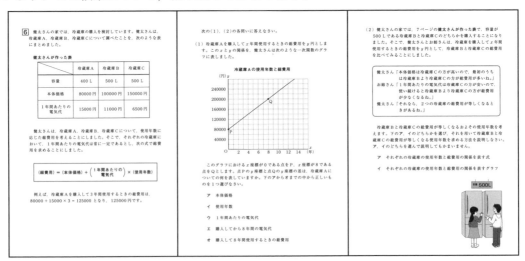

(1)　深い学びをどう捉えるか

　一次関数の単元の利用の場面でこのような題材を扱い実践されているのをよく拝見します。この学習場面では，生徒がこれまでに学んだ一次関数の表，式，グラフを使えば深い学びとなるということでなく，表，式，グラフのどれかに着目して，他者と協働的に問題を解決したり，問題解決の過程を振り返ったりする上で，問題解決の方法や手順を的確に記述したり伝え合ったりすることが深い学びになるのではと考えます。さらに，ここで明らかにした数学的な問題解決の方法が，次の問題解決場面でも生かされるように促すことも大切です。

　授業者は，冷蔵庫BとCの総費用を比較する際に，本体価格や1年間当たりの電気代の違いから，総費用が使用年数によって変化することを捉えることで，二つの冷蔵庫の総費用が一致することがあることに着目し，それを数学的に表現されたグラフを用いて判断する場面を意図的に設定しています。その際に，単に一次関数のグラフから判断するだけでなく，問題解決をした後に，問題解決のためにつくったグラフのどこをどのようにみたことで解決ができたのかという振り返りの場面を設定し，問題解決の方法の説明について確認する機会を設けるといった指導の工夫がみられます。

(2) 深い学びに迫る生徒の主体性と他者との学び合い

　本時の深い学びである問題解決の方法について説明するために，問題解決の過程を振り返りながら，問題解決のためにグラフのどこに着目し，それをどのようにみていけばよいかについて場面を設定しています。ここで，生徒は二つの冷蔵庫の総費用が等しくなる使用年数についてグラフのどこを読み取ればよいのかを考えようとしますが，数学的に表現されたグラフに着目しようと問題解決に前向きに取り組んでいる姿として教師が受け取ることが大切です。また，問題解決の方法については，個人のみならず他者と考えを交流すること，数学的な表現を洗練させていくことが考えられます。そのためにグループなどでの話合い活動を積極的に設定することが考えられます。

　しかし，この活動では，問題解決するために冷蔵庫BとCの使用年数と総費用を表した一次関数のグラフを観察することが考えられますが，二つの冷蔵庫の総費用が一致することについて，グラフのどこに着目すればよいか，また，それをどのように解釈すればよいかを対話により理解していくことを重視します。また，そういったことを促すことも大切です。

2　具体的な評価で生徒に学びの自覚化と達成感を

　本時の評価は，一次関数を用いて具体的な事象を捉え考察し表現することができるかどうかであり，授業者は授業中での行動観察，授業中の生徒が記録したノートの記述により評価しています。特にノートについては，方法の説明についての記述について授業の最後にまとめとして記述することで吟味することを促しています。問題解決するための方法として二つのグラフの交点を読むということで十分満足できる状況としていますが，それでは二つの冷蔵庫の総費用が一致する使用年数をどのように把握できるかについてあいまいであることから，x座標の値に着目した表現について，問題解決することの方法の説明としてよりよい表現であると評価しています。授業者は，冷蔵庫BとCのどちらを購入するかについて意思決定することを重視し，そのための根拠について，用いるものとして一次関数のグラフを取り上げ，詳細に記述することを求めています。この題材のもととなった調査問題[6](3)においては，正答率は35.6％であり，方法を説明することに大きな課題があると報告されています。誤答についての反応率をみますと，解決に用いるものとして，グラフや一次関数の式をそれぞれ選択していますが，それぞれの用い方の表現については不十分さがみられました。さらに，グラフを選択した生徒にはグラフをみれば分かる，また，式を選択した生徒には式をつくれば分かるといった記述がみられ，用いるものとしてグラフや式をあげるだけでは，問題解決の説明になっていないことを理解できていないことが考えられます。本授業のように，問題解決するためには，数学的に表現されたものについて，どんなところに着目すればよいか，着目したものをどのように考えればよいかなど，指導と評価を一体化させるためにも，あらかじめ明確に捉えておく必要があることが分かります。

（佐藤　寿仁）

C 関数〔第3学年 関数 $y = ax^2$〕実践

見いだした関係を利用して，未来を予測しよう

1 学習指導要領への対応

C(1) 関数 $y = ax^2$

ア(イ) 事象の中には関数 $y = ax^2$ として捉えられるものがあることを知ること。

イ(ア) 関数 $y = ax^2$ として捉えられる二つの数量について，変化や対応の特徴を見いだし，表，式，グラフを相互に関連付けて考察し表現すること。

2 授業で目指す学習者の姿～本時における指導目標～

・関数関係にある二つの数量について，変化や対応の特徴を捉え問題解決することができる。

【思考・表現・判断】

3 主体的・対話的で深い学びの実現

　これまでの学習において，比例や反比例，一次関数の特徴を表，式，グラフを相互に関連付けて考察することで見いだし，その特徴を利用して具体的な事象における問題解決に取り組んできました。本授業では球が坂を転がるという事象において，ある時間を経過したときの球の位置を予測するという題材を取り上げ，未知の関数について考察します。

　本授業の深い学びを，事象における二つの数量に着目して関数関係を見いだし，変化や対応の特徴を捉え，問題解決することとします。そのために，まず球が転がり始めてからの時間と距離についてまとめた表で，距離が時間の関数であることを確認します。本授業の問題解決は表には表されていない時間における距離であることから，解決の見通しとして時間と距離の関係についての特徴を調べようとする態度が大切です。

　また，関数関係にある二量について変化や対応に着目し，その特徴を捉え問題解決してきたというこれまでの学習経験を生かすことを促します。表における時間と距離の変化の様子に着目し，既知の関数関係の変化の特徴と比較しながら未知の関数関係であることに気付き，その特徴を考察しようとする態度を重視します。

　さらに，時間 x の値が2倍になると距離 y の値が 2^2 倍，x の値が3倍になると y の値が 3^2 倍…といった倍関係を見いだし，その関係を用いて問題解決をします。式をつくることで一次関数（比例，反比例）ではないと判断することや，変化や対応における特徴を捉えるために他者と伝え合う対話による活動を設定します。見通しと問題解決に用いた方法について検討する視点を与え振り返ります。

4 授業の展開

□ 伴って変わる二つの数量に関数関係を見いだし，表から変化の特徴を調べる

問題

右の図のように，球が坂を下っています。球が転がってからの時間を x 秒，進んだ距離を y mとして，x と y の関係を調べたところ，下の表のようになっていることが分かりました。転がり始めてから6秒後には，球は何mの位置にいると考えられるでしょうか。

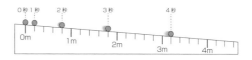

x（秒）	0	1	2	3	4	…
y（m）	0	0.2	0.8	1.8	3.2	…

球が転がる時間と進んだ距離にはどのような関係がありますか？

S 転がってからの時間が決まれば，進んだ距離は決まるので，距離は，時間の関数であるといえます。

T 転がり始めてから6秒後の位置を知りたいのですが，表には書いてありませんよね。このことは分かるのでしょうか？表を用いて調べましょう。表から分かることを発表してください。

S x と y の増え方が分かれば，6秒後の位置は分かるよね。比例や反比例，一次関数のときにもそうしたよね。

S そうそう。きまりをみつけることができれば，計算でも求めることができるから。

T 前に学習した比例や一次関数といった関数関係が具体的に分かればよいということですね。時間と距離はどのような関数でしょうか？表を用いて調べましょう。表から分かることを発表してください。

S x が増えれば y も増えているから，比例かな。

S $x＝0$ のとき $y＝0$ だから比例の関係になるかな。

S でも x を2倍しても，y も2倍にはならない。比例ではないよ。

S 1秒ごとに進む球の距離は大きくなっているよ。一次関数でもないよね。

S x を2倍，3倍すると，y が $\frac{1}{2}$ 倍，$\frac{1}{3}$ 倍になっていないから，反比例の関係ではない。比例でも，反比例でも一次関数でもないよ。

□ 表を用いて，変化の様子から関数の特徴を見いだす

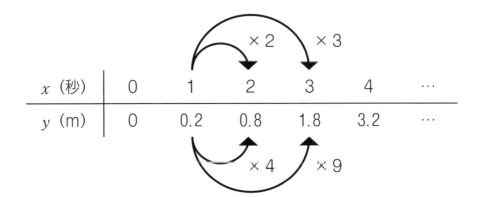

 比例や反比例，一次関数でもないとすると，どんな関数なのでしょうか？
時間と距離の表を使って，どんな特徴があるかについて調べてみましょう。

S　xを2倍すると，yは4倍，xを3倍すると，yは9倍となっているね。

S　4は2^2で，9は3^2だから，xの値を2倍するとyの値が2^2倍，xの値を3倍するとyの値が3^2倍とみることもできるよ。

S　同じようになるとすれば，xの値を4倍したらyの値は4^2倍になっているから16倍になっているはずだね。計算してみよう。

$0.2 \times 4^2 = 0.2 \times 16 = 3.2$

4倍したら4^2で16倍になっている。

T　表における，時間と距離の変化の様子を調べて分かったことは何ですか？

S　時間xを○倍すると，距離yは○^{2}倍になっているとみてよいのではと思いました。

T　なるほどね。その調べて分かったことを使うと，6秒後の球の位置を予測することができそうですか？

S　できると思うけど。6秒後だから6倍するのだよね。

S　そうだよ。xは6倍しているから，yの値は6^2倍で，36倍すればいいよ。計算してみよう。

> 6秒後だから，xが6倍なのでyは6^2倍で，36倍にすればよいから，$x=6$のときのyの値は，
>
> 　$0.2 \times 36 = 7.2$
>
> 　よって，6秒後に球は7.2mの位置にあると予測できる。

□ 関数関係にある二つの数量 x, y について，y を x の式で表す

> 表から捉えた関係を利用して，6秒後の球の進んだ距離を求めることができました。さて，その関数の関係を式に表すことはできそうですか？

S　x^2 のときの値を計算して，表をつくり直してみたよ。

x	0	1	2	3	4	…
x^2	0	1	4	9	16	…
y	0	0.2	0.8	1.8	3.2	…

S　あれ，x と x^2 の変化の様子をみると，x を2倍すると x^2 は4倍，x を3倍すると x^2 は9倍となっているよ。x^2 は x に比例しているってことかな。

S　表を縦にみた対応をみてみたら，x^2 に0.2をかけることで y の値が分かるよ。

S　そうなると，時間と距離との関係を式にしたら，$y = 0.2x^2$ となった。2乗がある。見たことのない式の形だ。

T　確かに，そうですね。これまでに学習した比例や反比例，一次関数の式の形とは明らかに異なります。次回から，この関数についてさらに調べていきましょう。さて，今日の問題解決の方法について振り返りましょう。

5　学習者の学びをフィードバック！〜指導と評価の一体化〜

　本時の指導目標を受けて，生徒が x と y の表における変化の様子や，対応から見いだした特徴を数学的に表現し，既知の関数ではないことを指摘すること，また，見いだした関数関係の特徴を利用して，6秒後の球の位置を求めることを主な評価とします。表を変化の様子に着目して観察し，比例や反比例，一次関数の変化の様子の特徴と異なることから既知の関数関係ではないことを指摘し，0.2と36との積を示し問題解決しているものを，おおむね満足できる状況としてみます。

　また，表の変化の様子から，「時間 x を6倍すると，距離 y の値は 6^2 倍となる」と予測して問題解決している生徒の学習状況については，十分満足できる状況として判断をします。これらについて，授業における観察や生徒のノートの記述で確認するとともに，授業の最後に本時の問題解決の方法を振り返ることで，時間と距離との関係をどのように捉えているか，既知との関数との違いをどのように解釈しているかについても，生徒の状況を確認することができます。

（小野　雄祐）

表で捉えた関数関係の特徴を用いて，問題解決をすること

1　主体的・対話的で深い学びを実現するための授業改善の視点

　本時は，関数の導入に当たり，既知の関数を想起し，その違いに着目しながら新たな関数を見いだすことで展開されています。単元導入は，今後の学習を見通すとともに，生徒が単元の課題をもち，興味や関心を高める大切な時間です。

(1) 深い学びをどう捉えるか

　第3学年での関数の学習において，これまでの学習を振り返り，具体的な事象の中から二つの数量を取り出し，それらの変化や対応を調べることを通して，関数 $y = ax^2$ の特徴について考察し表現することが大切です。授業では，生徒が関数関係に着目し，関数の特徴について表，式，グラフを相互に関連付けて考察することが大切です。本授業においては，次の二つのことが深い学びに密接に関わることだと考えられます。

　○　関数関係の特徴を捉え，それを用いて未知の状況を予測し問題解決すること
　○　事象の中の伴って変わる二つの数量の関係に着目し，既知の関数と比較しながら，その　　　特徴について考察すること

　一つめは，問題解決に関数を使うことのよさにつながるものです。自然現象や社会現象などにおける考察では，考察の対象とする事象の中にある対応関係や依存，因果などの関係に着目して考えることで未知の状況を予測することが可能となり，取るべき行動の根拠にもなります。このような問題解決は，現代社会を生きる上でも大切なことです。本授業においては，6秒後の球の位置について，数学的な根拠もなく考えるのではなく，捉えた関数関係をもとに考察し問題解決することに深い学びがあると考えます。また，二つめは，具体的な事象を考察するために，事象の中にある二つの数量の依存関係に着目し，表，式，グラフを用いて考察することが有用であることを指します。考察する際には，ただ表をつくればよい，ではなく二つの数量の変化について特徴を捉えることができるようにしておくことが大切です。

　本授業における問題解決として，坂を転がる球について6秒後の球の位置を求め，予測することとしています。この位置を考えるために，単に計算すればよいということではなく，坂を転がる球の時間と距離の二つの数量について，示された表の x と y の変化の様子に着目し，その特徴を捉える場面を設定しています。「二つの数量において，一方が m 倍となれば，他方も m 倍になるのが比例」や「二つの数量の一方が m 倍となれば，他方も $\frac{1}{m}$ 倍になるのが反比例」といった特徴と関連付けながら，球が坂を転がる時間と距離について同じような変化の

様子がみられないことから，比例や反比例の関係で捉えることはできません。さらに，二つの数量について変化の様子をみることで捉えた特徴から，「坂を転がる球の時間を m 倍すると，距離は m^2 倍になる」と捉えた関係を用いて，問題解決しています。本授業の問題解決を振り返ると，題材として日常の事象における問題を取り上げればよいということでなく，数学的に考察することを通して，生徒が問題解決することにつながります。

⑵ 深い学びに迫る生徒の主体性と他者との学び合い

　授業者は，生徒が問題解決をする際に，数学的に表現されたものをみて特徴を見いだすこと，また，それを問題解決に使おうとするといった数学的な態度を期待し，発問により促していることが分かります。具体的には，球が坂を転がる時間と転がった距離について表した x と y の表から変化の様子について，倍の見方でみようとすることや，既に知っている関数との特徴と比較しようとするといった態度です。このことが，本授業における深い学びに向かう際の生徒の主体的な姿として考えられます。さらに，関数関係の特徴を捉えるために，グループなどで話合いの場面を設定することが考えられます。このときの対話については，x と y の表における変化の様子について，「x が m 倍になると，y も m 倍になっていない」「x が m 倍になると，y は m^2 倍になっている」などと，表における具体的な数値を取り上げながら伝え合うような数学の対話となることが大切です。このような対話による活動によって，問題解決の過程を生徒自身で遂行することにもつながると考えられます。

2　具体的な評価で生徒に学びの自覚化と達成感を

　本時は，示された x と y の表には明示されていない6秒後の球の位置について調べて予測することが問題解決です。計算して答えを求めたという結果だけでなく問題解決の過程を振り返り，その方法についてまとめることで，関数関係を捉え，表，式，グラフを用いて問題解決の方法として理解され，次の問題解決の意欲にもつながると考えます。本授業では，示された x と y の表について比例や反比例，一次関数の特徴がみられるかどうかを検討し，既知の関数関係とは異なることを見いだしています。さらに，変化の様子に着目して，既知の関数にはない特徴について生徒が数学的に説明することで，授業者は事象にこれまでみたことがない関数であること，その特徴を把握しているかどうかみています。さらに問題解決をする際，「0.2×36＝7.2」という計算の結果のみを取り上げるのではなく，36をかけることの意味について，表を用いて捉えた特徴と関連付けて説明することを促しています。問題解決に直接的につながる処理について，おおむね満足できる状況と，十分満足できる状況について明確にして評価しようとしています。問題解決の結果のみを示すだけでなく，その方法や過程についても説明することを求め，簡潔・明瞭・的確といった数学的な表現を重視した評価となっています。実際の授業においては，生徒の様々な状況に応え，必要に応じて問い返すなどをして，生徒の数学的な表現について洗練させていくことも考えられます。

（佐藤　寿仁）

60分以上は待てない!?
待ち時間が比較的少ない時間帯を調べよう

1　学習指導要領への対応

D(1)　データの分布

ア(ア)　ヒストグラムや相対度数などの必要性と意味を理解すること。

2　授業で目指す学習者の姿〜本時における指導目標〜

・累積度数，相対度数，累積相対度数の必要性と意味を理解している。

【知識・技能】

3　主体的・対話的で深い学びの実現

　本授業の題材として，令和2年度調査問題B⑧を取り上げます。

　本授業における深い学びを，問題解決の際に大きさの異なる二つ以上の集団について割合の見方が必要であることに気付き，相対度数を用いて調べ，データの傾向を比較することとします。これまでは，提示された大きさの異なる二つのデータについて，解決の見通しをもたずに相対度数の計算方法を知り，問題を解決するような展開にしてしまうことがありました。相対度数を計算して表やグラフをつくっていくといった作業に重点を置かずに，データを比較するために相対度数を用いるということを大切にして授業を計画することが必要と考えます。

　本授業では，病院の待ち時間について，30分未満，60分未満の人数が比較的多い時間帯を調べることを考察します。生徒が時間帯ごとに比較をすることの必要性を捉えたときに，時間帯ごとの人数で比較して判断してよいかについて投げかける問いを発します。その後，グループなどで検討を行い，対話による活動を設定します。度数の大小を比較する生徒，総度数の違いに着目して度数を比較して考えることができないとする生徒が想定されます。そこで，生徒が「時間帯によって人数が違うから，度数で比較することはできない」「算数では，比べるときにもとにする数量が違うときには割合を使った」「割合で比較すれば，どの時間帯が多いかを判断できる」などと割合の見方で問題解決をしようとする数学の態度や数学での対話を大切にします。このような活動を通して，「割合で考えなさい」と指示されるのではなく，生徒に割合で考えることに気付かせることで主体的に問題解決を進めます。問題解決後に，「相対度数」などの用語を伝えることで，その意味について理解すると考えます。

　最後に，大きさの異なるデータを比べる際の大切なこととして，相対度数や累積相対度数を用いればよいことを振り返ることで，次の問題解決につなげようとする態度も期待されます。

4　授業の展開

指導計画

	題材・流れ	学習内容
1時間目	問題設定は学力調査のとおり，病院の来院数は一番金曜日が多い。来院者数150人の待ち時間を調べてみよう。	ヒストグラム，度数折れ線，階級の幅
2時間目（本時）	待ち時間が30分未満，60分未満の人数が比較的多い時間帯を調べよう。	累積度数，相対度数，累積相対度数
3時間目	来院者への提案を考えよう。	代表値を用いた判断今までの学習内容を踏まえてポスターを作成する。

問題

午前中の待ち時間のデータを時間帯ごとに分け，その傾向を調べよう。

時間帯														
8時台	68	102	13	103	108	25	58	41	119	80	58	156	29	3
	27	125	42	18	115	25	145	20	87	142	58	25	88	58
	135	29	150	90	58	80	17	30	25	56	11	29	149	89
	70	117	118	116	64	34	21	149	25	156	55	160		
9時台	32	100	164	35	110	153	15	155	149	43	85	5	105	50
	70	21	76	157	160	91	38	84	68	18	25	148	145	20
	157	108	11	115	65	128	16	132	136	140				
10時台	84	15	22	93	130	58	16	48	155	89	65	99	19	88
	138	45	25	76	85	33	105	113	35	55	58	20	154	68
	129	72	37	8	10									
11時台	8	98	20	27	66	98	9	25	47	15	34	36	25	36
	46	16	19	23	74	66	24	28	25	55	57			

時間帯ごとの待ち時間（分）

※調査問題に使用されているデータは公開されていないため仮のデータを作成したものを使用

これまでに調べて分かったこと

・ある週の月曜日から金曜日までの午前中の来院者数について，表にまとめると，来院者数は金曜日が一番多い。

・待ち時間は，できるだけ少ない方がよいという意見が多い。また，全国的な調査をみると，待ち時間が90分未満なら待てる。

新たな疑問

・受付する時間帯によって，待ち時間の傾向は異なるのではないか。

・どの時間帯に受付すれば，比較的待ち時間の少ない時間に収まりそうか。

□　度数分布表をつくり直し，待ち時間が30分未満の来院者について話し合う

> 金曜日の中でも時間帯によっては待ち時間が異なるのではないかという疑問点があげられました。今日は，時間帯ごとにデータを分けて整理し直してみましょう。

　表計算ソフトのシートに①仮データ，②度数分布表の枠を記入したものを配付します。生徒はFREQUENCY関数を用いることで，時間をかけないようにします。

8時台		9時台		10時台		11時台	
以上 未満 （分）	度数	以上 未満 （分）	度数	以上 未満 （分）	度数	以上 未満 （分）	度数
0～30	16	0～30	8	0～30	8	0～30	13
30～60	11	30～60	5	30～60	8	30～60	7
60～90	8	60～90	6	60～90	8	60～90	3
90～120	9	90～120	6	90～120	4	90～120	2
120～150	6	120～150	7	120～150	3	120～150	0
150～180	4	150～180	6	150～180	2	150～180	0
180～	0	180～	0	180～	0	180～	0
	54		38		33		25

T　待ち時間が30分未満の来院者について，どのようなことが分かりますか？自分の考えをノートに書いてみましょう（時間を取る）。グループで互いのノートを見合うなどして，意見交換をしましょう。

S　8時台は30分未満の階級をみると，度数が16で大きいから，8時台の待ち時間が少ない。

S　11時台は30分未満の度数は13だけど，全部で25のうちの13の方が多いと思うな。

S　確かにそうだね。54人のうちの16人と，25人のうちの13人だったら，25人のうちの13人の方が多いと思う。割合で比べた方がよいのではないかな。

□ **大きさの異なるデータについて比べる方法を考える**

「割合」という考えが出ました。「人数で比べる」と「割合で比べる」では，どちらの考え方がよいでしょうか？話し合ってみましょう。

S　時間帯ごとに来院者の合計の数が違うから，人数で比較することはできないと思うよ。

S　算数では，比べるときにもとにする大きさが違うときには，割合を使ったよね。

S　割合はもとにする量を1とみたときの値だから，54人と25人のように人数が違うときでも比べられるんだよね。

S　数直線をかいて確かめたりした。

T　待ち時間が30分未満の来院者は，どの時間帯が多いですか？

S　8時台の時間帯で割合を計算すると16÷54で0.30だね。

S　9時台の時間では8÷38で0.21になり，一番小さいね。

S　10時台では8÷33で0.24になる。

S　11時台では13÷25で0.52になる。0.52が一番大きいから待ち時間が30分未満の来院者が一番多いのは，11時台だといっていいよね。

T　みんなが割合として計算していたのは（度数）÷（度数の合計）ですね。この求めた割合のことを，相対度数といいますよ。

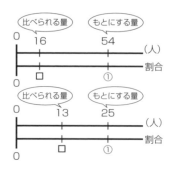

8時台		11時台	
以上 未満 （分）	度数	以上 未満 （分）	度数
0～30	16	0～30	13
30～60	11	30～60	7
60～90	8	60～90	3
90～120	9	90～120	2
120～150	6	120～150	0
150～180	4	150～180	0
180～	0	180～	0
	54		25

□ 比較的待ち時間の短い60分未満で考える

先生が病院で待つとしたら，60分くらいまでが我慢できます。待ち時間60分未満の人が多い時間帯は分かりますか？

S　相対度数も入れて度数分布表をつくり直してみたよ。
S　11時台の60分未満の相対度数は0.52＋0.28＝0.8で，4つの時間帯の中では一番大きいよ。
S　11時台の時間帯で受付すれば，待ち時間は比較的短くてすむね。
T　最小の階級からの度数の合計は20です。これを累積度数といいます。相対度数を同じように合計した0.8を累積相対度数といいます。

11時台の待ち時間		
以上　未満 (分)	度数	相対度数
0〜30	13	0.52
30〜60	7	0.28
60〜90	3	0.12
90〜120	2	0.08
120〜150	0	0
150〜180	0	0
180〜	0	0
合計	25	1.0

□ 問題解決を振り返る

相対度数を使って問題解決しました。相対度数は，どのようなときに使うとよいですか？振り返ってまとめましょう。

S　相対度数とは，割合のことで，（度数）÷（度数の合計）で求められる。
S　度数の合計が違うデータを比べるときには相対度数を用いるとよい。
S　ある階級までの割合のことは累積相対度数という。度数を合計してから度数の合計でわってもいいし，それぞれの階級の相対度数を加えてもよい。

5　学習者の学びをフィードバック！〜指導と評価の一体化〜

　本時の指導目標について，「データを比べる方法を見通す」「60分未満の傾向を記述する」「振り返り」の3つの場面で評価します。問題解決の見通しをもつ場面において，時間帯ごとの度数の合計が異なることから比較の方法について割合の見方に着目して検討しているか観察での評価を進めます。割合の見方に気付かない場合には，度数分布表の違いに着目することを促します。実際には，相対度数の必要性についてはノートへの記述で確認し，相対度数の意味については，「相対度数は，（度数）÷（度数の合計）で求められる」という計算方法について記述があれば，おおむね満足できる状況とみますが，全体の人数を1とみたときの値であるや，全体の数が異なる集団の傾向を読み取ることができるといった記述がみられるものについては，割合の見方で意味を捉えていること，必要性を表現していることから十分満足できる状況と判断します。相対度数については，計算方法のみを意味として理解することがありますので，その必要性や意味についても振り返りなどで何度も確認していきます。

（稲垣　道子）

統計的な問題解決を通して，相対度数の必要性を考えること

1　主体的・対話的で深い学びを実現するための授業改善の視点

　本時は，相対度数の必要性と意味について問題解決の中で獲得するという実践です。題材は下のような令和2年度調査問題8をもとにしており，(3)の場面を中心に取り上げ展開されています。この授業について，振り返ってみましょう。

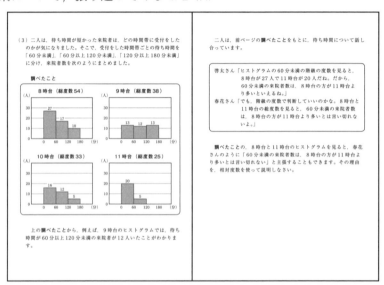

(1) 深い学びをどう捉えるか

　データの活用の授業では，目的に応じて収集したデータを整理，分析し得られたことを用いて傾向を批判的に考察し判断することを生徒の活動で評価していくことが求められています。授業者は，取り上げた問題について，データの傾向を捉えるためにふさわしい統計的な手段を自ら選択し問題解決することを通して，相対度数の計算方法の理解にとどまらず，その意味や必要性について自ら理解することを深い学びとしています。相対度数の理解については，階級の度数を度数の合計でわればよいといった計算する方法や式を覚えることがみられ，その必要性や意味について理解が不十分であることについて，「全国調査」の結果の分析では課題として報告されています。

　授業者は，時間帯ごとの待ち時間を調べるという目的に応じて，データを層別して考察を進めています。そして，それらを比較するという文脈において，比べようとしているデータの度数の合計が異なることに着目し，このままでは比べられないことを気付くように場面を設定しています。また，小学校算数での学習を振り返ることで，割合の見方と関連させながら考察を

進めることを促しています。相対度数といった数学の用語については伝えているものの，その意味や必要については生徒から出てくるような活動を設定し工夫がみられます。本授業からは，用語の意味や必要性について生徒が獲得するようにしており，学びに深まりが感じられます。

(2) 深い学びに迫る生徒の主体性と他者との学び合い

授業者は，相対度数の意味や必要性について，与えるのではなく生徒の気付きによって授業を展開しています。データを比べる際に，このまま比べてよいか，だめならどのようにすれば比べることができるかなど評価して改善するといったことを発問によって促しています。生徒が度数分布表で示された数値をみようとすること，度数の合計が異なることに気付き，割合の見方で捉えようとすることなど，数学的な態度をもって問題解決しようとします。このことは生徒の主体性としてみることができます。また，割合を用いて計算した結果について，事象に即して解釈することを，伝え合う中で相対度数の意味や必要性を理解していく姿もみられ，対話によって理解をしていくこともみられます。

2 具体的な評価で生徒に学びの自覚化と達成感を

本時の評価について，「データを比べる方法を見通す」「60分未満の傾向を記述する」「振り返り」の場面を意図的に設け，指導目標への迫り方について形成的に評価しようという意図が感じられます。また，評価する際の生徒の姿を具体的に明らかにしており，おおむね満足できる状況から十分満足できる状況について，次のように，授業者がしっかりと捉えているところは指導と評価を一体的に考える上で大切です。授業を通して，生徒がどのように理解をしているかについても，生徒それぞれの状況を観察することにより，的確にかつ確実に見取ることに努めています。

【本時で評価する生徒の姿】
・相対度数とは，（度数）÷（度数の合計）で求められる割合のことである。
・相対度数とは，（度数）÷（度数の合計）で求められる割合のことで，それは，全体の度数を１とみたときの値であり，全体の数が異なる集団（データ）の傾向を読み取ることができるものである。

授業を考える際に，問題解決する過程における生徒の主体的な姿として，単に頑張ろうとする生徒でなく，数学で取り組もうとする姿として捉え，対話についても単に話し合うといったことでなく，数学の対話により考察を進めることを重視していることが授業者から伝わってきます。知識・技能を評価する授業において，本授業のように，相対度数の意味や必要性を教師が一方的に教え伝えるのではなく，生徒の問題解決を通して生徒自身が知識を獲得するという授業が大切であることが分かります。

（佐藤　寿仁）

■ D データの活用 〔第2学年 確率〕実践

どちらのサイコロを使うべきか？～フェアなゲームにするために～

1 学習指導要領への対応

D(2) 不確定な事象の起こりやすさ

ア(ア) 多数回の試行によって得られる確率と関連付けて，場合の数を基にして得られる確率の必要性と意味を理解すること。

2 授業で目指す学習者の姿～本時における指導目標～

・「同様に確からしい」ことの意味を理解し，確率を求めることができる。

【知識・技能】

3 主体的・対話的で深い学びの実現

本授業の題材として，平成29年調査問題A⑮(1)を取り上げます。

本時の深い学びを，同じ試行を繰り返し行う場面において，起こり得る場合が同じ程度に期待される状況を捉え，起こり得る場合の数を数え上げることによって確率を求めることを通して「同様に確からしい」ことの意味を理解することとします。

本授業では，多数回の試行の実験によって得られた確率と，場合の数を基にして得られた確率を関連付けて，「同様に確からしい」ということについて実感を伴って理解できるように工夫をします。立方体の形をしたサイコロと立方体の形ではないサイコロの2つを用意し，その目の出方の傾向を調べる場面を設定します。生徒は，目の出方には偏りが生じることを予想し，第1学年で学習した多数の観察や多数回の試行によって得られる確率に関連付けて，2つのサイコロの両方について多数回の試行をし，目の出方について考察します。

すごろくに使用するサイコロを選ぶために得られた目の出方をもとに話し合う場面を設定します。その際，すごろくで使用するサイコロは，目の出方が公平である方がよいことを判断するための根拠として，立方体の形ではないサイコロは目によって出る割合が異なるが，立方体のサイコロはどの目もほぼ同じ割合とみなせることに着目し，このことを伝え合うといった対話を重視します。多数回の試行による確率の値で判断できることを見通し，この確率を比較して判断しようとする姿勢から，本授業における生徒の数学への主体性をみたいと考えます。こうして，起こり得るどの場合も同じ程度に期待されることを「同様に確からしい」と理解し，そのことが確認できた際には，実験ではない方法で確率を求められることを理解します。

4 授業の展開

□ 2つのサイコロを比較して，どちらを使用すればよいか予想する

> **問題**
>
> すごろくゲームをするのに，2つのサイコロA，Bを用意しました。皆さんなら，どちらのサイコロを使いますか。
>
>
> サイコロA　　　サイコロB

 すごろくゲームをするときに使うサイコロを選択します。皆さんなら，この2つのうちのどちらを選びますか？

S どちらのサイコロでも変わらないよ。1から6までの目が1つずつあるから。

S サイコロAを使った方がいいよ。だって，サイコロBだと面の形が違うから，目が同じように出なくて不利になるから。

S 私もサイコロAかな。サイコロAは立方体でしょ。面の形が同じだから，目は同じように出るから公平だよ。それぞれの面が出る割合が違うと思います。

S そうだよ。サイコロAでどの目が出るかを考えれば，どの目だって出る確率は $\frac{1}{6}$ になるからね。

□ どちらのサイコロをすごろくに使うべきかを考えるために実験を行う

 なるほど。サイコロAを使うとすごろくを公平に進めることができるということですね。では，そのことはどのようにして確かめるのですか？

S 1年生のときのように，2つのサイコロをたくさん投げて，それぞれの目の出やすさについて実験すればよいと思います。

S サイコロAはどの目も同じくらいの出方になりそう。サイコロBは，きっとそれぞれの面が出る回数がバラバラだよ。

S 私もそう思う。できるだけたくさんの回数で実験しよう。1年生のときの学習では，確か相対度数で表したよね。

☐ 実験の結果から，サイコロが目の出方の特徴について考察する

皆さんには，実験結果についてまとめてもらいました。このことから，2つのサイコロの目の出方の特徴について，話し合ってみましょう。

実験結果（1000回の試行）

		1の目	2の目	3の目	4の目	5の目	6の目
サイコロA	回数	169	165	169	162	168	167
	相対度数	0.169	0.165	0.169	0.162	0.168	0.167
サイコロB	回数	126	174	182	194	165	159
	相対度数	0.126	0.174	0.182	0.194	0.165	0.159

S　実験の結果をみると，サイコロAはどの目も相対度数はだいたい0.16〜0.17くらいで安定しているよ。

S　サイコロBは，相対度数はけっこうばらついていると思う。相対度数が0.126〜0.194の間にあるからな。

S　相対度数，これは確率だよね。確率が同じような値だから，サイコロAはどの目も同じように出ると思う。

S　だから，公平になる。すごろくに使うならサイコロAだよ。

☐ 2つのサイコロの目の出方の違いが生じることの要因について考える

2つのサイコロA，Bの実験で分かった確率について，どうしてそのような違いが出たのでしょうか？投げ方がよくなかったのでしょうか？

S　そうではないと思います。投げ方は変えていません。

S　サイコロの形だと思います。サイコロAは立方体だし，サイコロBは不規則というか…，整っていない形。

S　サイコロBだと，1〜6の目がいつも同じように出るとは思えないよ。実際に確率をみれば，数が安定していないし。サイコロBは形が整っていないからだよ。

T　なるほど。2つのサイコロの形が確率に影響したということなのですね。すごろくをする際には，6つの目の出方に偏りがあまりみられないサイコロAを使うとよさそうですね。

□ 考察した結果から，「同様に確からしい」ということについて理解する

> 最初にサイコロAでは，それぞれの目が出る確率を $\frac{1}{6}$ と言った人がいました。例えば，サイコロAで2の目が出る確率は実験結果から0.165になるのではないのでしょうか？皆さん，どうでしょうか？

S　それは，サイコロの目は全部で6通りあって，そのうち2の目は1通りだから，$\frac{1}{6}$ と考

えたからだと思います。

T　実験した結果があるのに，そのように考えてもよいのですか？

S　実験で分かった確率は全てだいたい0.16です。だから，6つのどの目も同じように出てく

ることは分かっています。それに，$\frac{1}{6}$ を小数に直すと，0.166…になります。

S　そうそう。だから，6つの面のうち1つの面が出る確率を6通りのうち，1通りで $\frac{1}{6}$ と

考えてよいと思います。

T　なるほど。サイコロAはサイコロBと違って立方体であることから，どの面も同じように
　出てくると考えられます。このことを「同様に確からしい」と言います。このようなとき
　には，1年生のときと違って，確率はどのようにして求めるとよいですか？

S　同様に確からしいことが分かれば，全ての場合とあることが起こる場合の数を明らかにし
　て，（起こる場合の数）／（全ての場合の数）を計算すればよいです。

5　学習者の学びをフィードバック！～指導と評価の一体化～

　本時は，「同様に確からしい」ことの意味を理解しているかどうか，また，場合の数を基に
して得られる確率があることを理解できるかどうかを評価します。

　2種類のサイコロの目の出方の特徴を捉えるために，多数回の試行を行い，それぞれの相対
度数を比較する過程において，生徒同士の対話の様子やノートの記述などを確認します。特に，
授業の最後に振り返りとして学習したことを記述し，そこに，「同様に確からしい」ことについ
て「ある事象について，どの場合も同じように起こること」と記述があればおおむね満足でき
る状況とし，実験結果からサイコロBよりもサイコロAがどの目も同じように出ることを確
率の値同士の関係に着目して説明できていれば十分満足できる状況と評価したいと考えます。

（森　　裕司）

■ D　データの活用〔第2学年　確率〕解説

「同様に確からしい」ことを判断し，得られる確率を求めること

1　主体的・対話的で深い学びを実現するための授業改善の視点

　本時は，「同様に確からしい」ことについて観察，操作や実験を通して実感を伴って理解を促すという実践です。題材は右のような平成29年度調査問題A⑮(1)を取り上げ，展開されています。この授業について振り返ってみましょう。

> （1）1つのさいころを投げるとき，1から6までの目の出方は同様に確からしいとします。このとき，目の出方が同様に確からしいことについて，正しく述べたものを，下のアからオまでの中から1つ選びなさい。
>
> 　ア　目の出方は，1から6の順に出る。
>
> 　イ　目の出方は，どの目が出ることも同じ程度に期待される。
>
> 　ウ　6回投げるとき，1度は続けて同じ目が出ることが期待される。
>
> 　エ　6回投げるとき，1から6までのどの目も必ず1回ずつ出る。
>
> 　オ　6回投げるとき，必ず1回は1の目が出る。

(1) 深い学びをどう捉えるか

　第1学年で多数の観察や多数回の試行によって得られる確率を学び，第2学年では場合の数を基にして得られる確率を学び，それを使って不確定な事象について考察をすることになります。このとき，事象を「同様に確からしい」ことに着目して問題解決を進めることになりますが，授業者は「同様に確からしい」ことについて，実感を伴って理解することができるように工夫をしています。上記A⑮(1)の正答率は78.2%であり，大きな課題はないとされています。しかし，様々な事象に出会い，確率を用いて解決する力を育成するためには，事象が「同様に確からしい」ことを判断することができるようにすることが大切です。本授業において，「同様に確からしい」といえる事象とそうでない事象を取り上げ，実際に実験をして多数回の試行によって得られた確率から，「同様に確からしい」とはどのようなことを意味するかについて考える場面を設定しています。実験の結果を観察することにより，多数回の試行によって得られた確率には偏りがあるものとないものがあることに着目して，「同様に確からしい」，そうではないものを，実感を伴って理解することが深い学びといえると考えます。

　右のグラフは，授業で使用したサイコロBを1000回投げて，1から6までの目の出方について調べた実験結果について相対度数で表したものです。このグラフをみると，1〜6の目の出方について，回数を多くするとそれぞれある値に近づいていることを読み取ることができます。

　サイコロAでは，投げる回数が多くなれば$\frac{1}{6}$の値に近づくという実験結果が得られます。

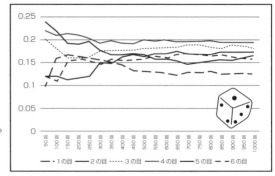

サイコロBを使った実験結果のグラフ

これらのことから，１から６までの目の出方について，サイコロＡとＢではどのように違うのかについて考察することが大切です。さらに，２つのサイコロの形にも関連付けて考えることで，「同様に確からしい」とはどのようなことであるかについて実感を伴って理解することにつながるのです。投げたサイコロの形の特徴だけでなく，実際に投げた結果をグラフなどに表すことで，「同様に確からしい」ことについて実感を伴って理解をすることができるようになり，深い学びになると考えます。さらに，授業前半における生徒のサイコロＡを一回投げたときに，どの目も出る確率は $\frac{1}{6}$ になるという発言を最後に取り上げ，サイコロＡでの確率を，「同様に確からしい」ことから場合の数を基にして得られた確率と結び付けて考えることで，第１学年で学んだ多数の観察や多数回の試行によって得られる確率との違いについて考察する活動を設定していることが分かります。確率の求め方について，一方的に教え伝えるのではなく，生徒が考え，見いだしていくことを重視した授業となっています。

⑵ 深い学びに迫る生徒の主体性と他者との学び合い

　「同様に確からしい」を数学の用語のようにして覚えるのでなく，それがどのようなことであるのかについて考えようとすることが大切です。授業者はこれを用語として伝えていますが，その意味については生徒が獲得するように授業を展開しています。特に，２つのサイコロについて多数回の試行により確率を求め，その値を比較しながら１～６の目の出方について明らかにしようとする態度を重視しています。

　また，２つのサイコロそれぞれの目の出方の確率について，生徒同士で話し合っている場面がみられます。ここではサイコロＡの確率はおよそ0.16くらいであるのに対して，サイコロＢでは0.126～0.194の間にあることを捉え，ある値に近づいているものとそうでないものを指摘し合うことを，対話で明らかにしていくことを重視しています。サイコロＡは目の出方が「同様に確からしい」こと，サイコロＢはそうでないことについて，調べた確率を根拠にした考えの共有を生徒の対話に求めているのです。

２　具体的な評価で生徒に学びの自覚化と達成感を

　本時の評価について，授業者は「同様に確からしい」ことの理解，場合の数を基にして得られる確率を求めることの二つを生徒の対話やノートの記述での評価を計画しています。特に「同様に確からしい」は，その言葉を言えるということでなく，授業での観察や操作，実験を通して，確率に着目し，その値の大小などについて捉えたことを根拠にして説明しているものを十分満足できる状況としています。このことは，授業の最後の振り返りの場面において，生徒に「同様に確からしい」とはどのような意味なのかを問い，このことが授業においてどの場面でどのように考えたのかという経緯を確認することができ，理解の深化を促すものとなります。

（佐藤　寿仁）

「標本」はどのようにして取り出すとよいのかな？

1　学習指導要領への対応

D(1)　標本調査

ア(イ)　コンピュータなどの情報手段を用いるなどして無作為に標本を取り出し，整理すること。

2　授業で目指す学習者の姿〜本時における指導目標〜

・標本調査では，標本を無作為に取り出す必要があることを理解している。

・無作為に標本を取り出し，整理することができる。

【知識・技能】

3　主体的・対話的で深い学びの実現

　標本調査では，標本の取り出し方がその母集団の傾向の推定に大きく関わってくることから，様々な方法で取り出した標本と母集団との関係に着目し，その傾向を読み取り批判的に考察し判断することが大切となります。中学校数学では，母集団の特徴を的確に反映するように偏りなく標本を抽出する代表的な方法として，無作為抽出について学習します。

　本時における深い学びを，「なぜ無作為抽出の方が，無作為でない抽出より母集団の特徴を的確に反映するのか？」と批判的に考察することを通して，単に無作為に抽出した標本を整理できるようにするだけでなく，「無作為に標本を抽出することは，母集団における個々の要素が取り出される確率が等しくなる」など確率の考えと関連付けて，無作為に標本を抽出する必要があることを理解することとします。そのために，英和辞典に記載されている見出し語の総数を「無作為に抽出した標本」と「無作為でなく抽出した標本」からそれぞれ推定し，推定した総数を比較して確認しようとする場面を設定し，生徒の主体的な態度を期待します。その際，標本の抽出方法も踏まえて多面的に吟味することを通して，批判的に考察し判断し，標本を無作為に取り出す必要があることについて経験的に理解していくことが考えられます。

　さらに，批判的に考察し判断するために，判断に至った根拠を数学的に明らかにして説明し合う場面を意図的に設定し，その活動で標本を抽出する際の偏りの有無に着目することで，「どのページも同じ確率で抽出されているから，標本が偏りなく抽出できている」など確率の考えも踏まえた説明を伝え合うなどといった対話を促すことで，数学的な表現を洗練していくことが考えられます。

4　授業の展開

□　本時の問題である「辞典の見出し語の総数について調べる」を確認する

> 皆さんの手元にある英和辞典は，見出し語の総数はいくつでしょうか？

S　全部で688ページもあるので，数えるのは大変だな。

S　でも，辞典のはじめにのページに，見出し語は約12,000収録と書かれているよ。

T　全部で688ページもあります。全部で約12,000語あるのかどうかについて実際に調べるには，どのような方法が考えられますか？

S　標本調査で調べるとよいと思います。

S　いくつかのページで調べれば，およその見出し語の総数を求めることができます。

□　標本調査を用いて，見出し語の総数を推定するための構想を立てる

> 標本調査で調べる場合，何ページ分を調べるとよいでしょうか？また，何語あるかはどのように調べるとよいですか？

S　1ページ当たりの見出し語数を調べて，その語数に全ページ数688をかければ，見出し語数の総数は分かります。

S　でも，ページによって見出し語数は違うよ。

S　1ページ当たりの見出し語数の平均を計算して考えてもいいのかな。

T　平均が分かれば，見出し語数の総数は分かりそうです。平均を求めるには全部で何ページを調べるとよいでしょうか？また，ページの選び方はどうすればよいでしょうか？

S　1ページから10ページまで取り出せばよいと思います。

S　適当に開いた20ページから取り出せばよいのでは。

□　二つの方法で抽出した標本から推定し，その結果を比較検討する

> では，今回は20ページの標本の抽出を考えてみましょう。各班に分かれて，連続した20ページと，適当に開いた20ページの標本から，それぞれ1ページ当たりの平均値を求めて見出し語の総数を調べましょう。

連続した20ページ

	選択したページ	平均値	推定
1班	p. 1～p.20	13.55	9322.4
2班	p.21～p.40	14.40	9907.2
…	…	…	…
8班	p.669～p.688	12.10	8324.8

適当に開いた20ページ

	平均値	推定
1班	15.55	10698.4
2班	15.45	10629.6
…	…	…
8班	16.15	11111.2

S　12,000語に近い値になるような方法はあるのかな。

S　適当に開いたページの標本の方が，12,000語に近い値になっているね。

T　適当に開いたページで調べた結果の方が12,000語に近い値になりましね。ページの選び方について偶然によって決める方法を用いて，母集団から標本を偏りなく取り出すことを「無作為に抽出する」といいます。

S　無作為に抽出するには，どのようにしたらよいのかな。

S　無作為に抽出すると，総数にもっと近くなるのかな。

T　無作為に抽出する方法として，０から９までが等しい確率で不規則に出てくる数字の並びの乱数が用いられます。乱数は，乱数さいやコンピュータなどを使って発生させることができます。

☐ **無作為に抽出した標本を用いて，見出し語の総数を算出する**

コンピュータを使って乱数を発生させ，無作為に抽出した20ページの標本から見出し語の総数を推定し，適当に開いた20ページから推定した総数と比較してみましょう。

適当に開いた20ページ

	平均値	推定
1班	15.55	10698.4
2班	15.45	10629.6
…	…	…
8班	16.15	11111.2

無作為に抽出した20ページ

	平均値	推定
1班	18.0	12384.0
2班	17.85	12280.8
…	…	…
8班	16.75	11524.0

S　班でばらつきはあるけれど，どの班も，無作為に抽出した方が，総数が12,000語に近い値になっています。

□ 考察を振り返り，無作為抽出して行った標本調査についてまとめる

様々な方法で抽出した標本から推定した総数についての比較から，無作為に抽出した方が12,000語に近い値になることが分かりました。どうして無作為に抽出した方が近い値になったと思いますか？ノートにまとめてみましょう。

S　連続した10ページの標本の抽出では，意図的になってしまうからかな。

S　無作為抽出だと，ページを取り出す確率が同じようにして取り出しているから，偏りがないってことかな。

T　今回は，無作為に抽出しているかどうかに着目して調べることにより，無作為に抽出した標本の方が，推定した総数が母集団に近い値になることが分かりましたね。では，総数をさらに母集団の値に近づけるための方法はあるのでしょうか？次の時間にさらに考えていきましょう。

5　学習者の学びをフィードバック！〜指導と評価の一体化〜

　本実践では，実際にいくつかの方法で抽出した20ページの標本から，辞典の見出し語の総数をそれぞれ推定し，総数の傾向を比較し批判的に考察する活動を通して，「なぜ標本調査では標本を無作為に抽出する必要があるのか？」について，理解を深めることを大切にしています。そこで，無作為に抽出した標本を用いた方が12,000語に近くなると捉えた後に，無作為に抽出することにより母集団に近づくことについて，その理由をノートなどに記述する場面を設定し，その記述内容から，「標本を抽出する際に生じる偏りの有無」について表現していれば，標本を無作為に取り出す必要があることの理解ができていると評価します。

　さらに，「どのページも同じ確率で抽出されているから，標本が偏りなく抽出できている」など確率の考え方にも言及して表現していれば，数学的な理解がより深まっていると判断して評価することが考えられます。

（柴田　義之）

D　データの活用〔第3学年　標本調査〕解説

標本調査のよさについて，実感を伴って理解すること

1　主体的・対話的で深い学びを実現するための授業改善の視点

　本授業は，標本調査の方法を用いて，辞書に掲載されている見出し語の総数について調べることを問題解決とした実践です。この題材については，多くの先生によって実践されていますし，教科書でも取り上げられているものです。本授業においては，調査方法として標本調査という方法があるということを理解した生徒が，実際にその方法を用いて母集団の大きさから全部を調べられないものについて，標本調査で調べてみるということが展開されています。この授業について振り返ってみましょう。

(1) 深い学びをどう捉えるか

　授業者は，標本調査を用いて問題解決をする際に「無作為に抽出する」「無作為に抽出しない」という方法で標本調査を行った場合に，結果にはどのような影響を及ぼすかについて考察することを通して，標本調査での無作為抽出することの必要性について実感を伴って理解することを大切にしています。生徒は，標本調査がどのような調査であるかについては知っていますが，標本の抽出方法については未習であるとしています。

　本授業では，辞書の見出し語を調べることを標本調査で進めることとし，標本の取り出し方を「連続した20ページ」「適当に開いた20ページ」「無作為抽出による20ページ」といろいろに変えて，それに応じて出した結果について比較して検討する活動を取り入れています。そのことで，無作為に抽出して得られた標本の方が母集団により近い傾向となることについて見いだすとともに，実感を伴って理解することを重視しています。新しく学習する用語について，単に意味だけが伝達されるのではなく，本授業のように観察や操作，実験などの活動を通して理解を促すことが大切です。このように，単に知識を与えるのではなく，問題解決を通して新しい知識を獲得することができるような授業とすることが深い学びであると考えます。

　また，目的に応じてデータを収集，分類整理し，結果を適切に表現するとは，統計的な問題解決活動を指しているといわれていますが，本授業は統計的探究プロセスを遂行している実践であるともいえます。統計的探究プロセスについては，小学校学習指導要領（平成29年告示）解説【算数編】において，「問題－計画－データ－分析－結論」という過程であることが説明されています。この過程で本授業をみると，次のように考えることができます。

　　○問　　題…辞書の見出し語の総数が知りたい

　　○計　　画…全てを数えることができないため，一部を取り出して標本調査で行う

　　○データ…異なる取り出し方で，標本（データ）を収集する

○分　析…１ページ当たりの平均語数と総ページ数である688との積を求める

○結　論…分析で得られた値が辞書の見出し語の総数とする

　こうした問題解決の過程を生徒自身が遂行すること，これも本授業での深い学びといえます。さらに分析－結論の間には，標本の取り方をいろいろに変えて抽出したデータを利用することで，標本を偏りなく取り出すためには乱数表などを用いて無作為に抽出する方が母集団により近い結果をもたらす標本調査となることについて確認することにつながります。このように，評価や改善を授業に活動として取り入れていることも，学習内容の理解につながります。

⑵ 深い学びに迫る生徒の主体性と他者との学び合い

　本授業において問題解決に向かう態度については，抽出方法をいろいろに変えて調査した結果を比較検討する過程で見取ることができます。得られた結果を考察し，異なる抽出方法によって推定された結果に着目し，辞書の総語数である12,000語に近くなっているかどうかを確認しようとすること，標本調査を進めるのにふさわしい抽出方法を考えようとすることを本授業における生徒の主体性といえ，さらに期待する数学への態度といえます。また，実際の授業では，グループによる活動を設定することが考えられますが，生徒同士の対話によって標本調査の結果を比較することや抽出方法を振り返ることが考えられます。

適当に開いた20ページ

	平均値	推定
1班	15.55	10698.4
2班	15.45	10629.6
…	…	…
8班	16.15	11111.2

無作為に抽出した20ページ

	平均値	推定
1班	18.0	12384.0
2班	17.85	12280.8
…	…	…
8班	16.75	11524.0

2　具体的な評価で生徒に学びの自覚化と達成感を

　本時の指導目標について，知識・技能として評価する計画を立て，「標本調査では，標本を無作為に取り出す必要があることを理解している」「無作為に標本を取り出し，整理することができる」としています。一つめについては，ノートなどの記述を中心に，理解の状況を把握しています。その際，十分に理解しているかどうかについて，「取り出した標本に偏りがないように無作為に抽出すること」などが記述されているかどうかという視点で判断しています。この記述については，授業の途中場面においても発言や話合いでの様子などを観察し評価することも考えられますが，授業の最後に全ての生徒に記述を求め，学習評価を進めることも有効です。さらに，標本調査では，標本を無作為に取り出す必要があることを理解することについて，確率の考えが用いられていることを記述している生徒については，十分満足できる状況と判断し，評価する計画を授業者は示しています。観点別評価における評価規準の違いについて，どのように捉えるのかといったことについても計画的に評価を進めようとしていることは大変参考になるものです。到達すべき指導目標について，生徒の具体的な数学での姿で明確に捉え，指導することと評価することについて一体的に考え実践しています。

（佐藤　寿仁）

第3章

これから求められる

中学校数学の授業とは
New Vision

(1) 変わっていくこと，そして，変わらないこと

　第3章では【総括編】として，これまで述べてきた，主体的・対話的で深い学びを実現する授業の改善や充実についてまとめます。

　これまで，数学の授業での学びの"深まり"について理論と実践で考えてきました。教育は，その時代の要請や社会の状況に対応して変化するものかもしれませんが，大切にしたいことは変わらないのではないかと思います。では，今後はどのような授業が求められるのでしょうか。また，教師の役割についても考えていきます。

　改訂された「学習指導要領」は令和2年度より小学校から順次実施され，学校教育に大きな変化が生じている現状において，教師にはそれに対応する能力と学習指導要領改訂にはよらない教育の不易の部分について捉えることができる目が求められます。GIGAスクール構想によって，生徒には1人1台端末，教室にはWi-Fi環境が整うなど教育におけるデジタル化がここにきて加速度的に進むことになり，それに対応できる学校となかなか対応できない学校があります。

　ICT活用の充実が叫ばれる中，数学の授業においては，PCを利用して数学的に考えることを深める授業づくりに努める先生，PCを使うことだけが目的となってしまい指導のねらいと数学的活動とかみ合わない授業をしてしまう先生。変化が激しい時代において，教育もまた変化を求められている中で，中学校数学を担当する教師は，生徒の数学の学びの充実を大切にしていかなければならないと思います。

　「解説」には数学を学ぶことの意義について，次のように記されています。

　数学を学ぶことは，問題を発見しそれを解決する喜びを感得し，人生をより豊かに生きることに寄与するものと考えられる。また，これからの社会を思慮深く生きる人間を育成することにも大きく貢献すると考えられる。

　このことは，言葉や文が変わったとしても本質的には変わらないものではないかと思います。社会においてはデジタル化をはじめ，様々な変化があり，そのことで手法に変化や改善があるかもしれませんが，学校教育に教科として数学があることについては変わらないのではないでしょうか。

　さらに，本書で取り上げているように，主体的・対話的で深い学びが教師に向けられた授業改善の視点であることを捉えれば，数学を学ぶ意義をもう一度捉え直すことで，中学校数学における学びの"深まり"について考える必要があります。紹介した12名の先生の実践には，それぞれの領域，指導内容における深い学びについて，生徒の具体の姿で表現されていました。

それは，数学的な推論を重視した論理的に考察すること，統合的・発展的に考察すること，数学的表現における簡潔・明瞭・的確に表現することなど，これまでも重視してきた数学的な考え方そのものであると思います。授業改善や充実を考える際には，数学的な考え方について，具体の生徒の数学をする姿で考える必要があります。このことが，主体的・対話的で深い学びの深い学びを考えることにつながります。

　また，ここに連動するかのように，生徒の主体性のある具体の姿や，対話的な活動での生徒の対話の様子や内容も数学的な考え方に関連するものとなるのではないでしょうか。つまり，生徒の数学における学びの充実について，教師がたえず授業改善と充実に努める際の視点，主体的・対話的で深い学びの実現の鍵は，数学的な考え方にあるのです。

　数学的な考え方も多岐にわたるわけですが，多くの先生が研究し，論文などによって語りつないできた数学的な考え方について，今こそ重視することが大切です。

⑵ 教える授業から学ぶ授業への転換

　平成10年に改訂された学習指導要領において，中学校数学科の目標を改善する際に，「自ら学び，自ら考える力を育成できるようにすること」とあります。単に問題を解いて答えを求めるといったことを数学の学習とするのではなく，生徒が問題解決を進めることを意味していると考えられます。また，平成20年の改訂では，このことは数学の学習に主体的に取り組む態度を養うとしてさらに強調されることになりました。教え込みの授業から，生徒の主体性を重んじる授業への転換です。ただ，ここには教師の様々な考えも入り込み，順調にはいかなかったと思います。考えさせることよりも伝達をした方が，再現性のある数学の学びとなり得るという主張もあるのです。

　そして，平成29年の改訂を経て，生徒が主体となる学びへの考えは，さらに進むこととなりました。このことには，社会の変化が影響しています。様々な場面において，何が起こるのか分からない，または未知の状況への対応と人間に求められる力が変わってきているのと同時に，そのことに対しての向き合い方が問われるようになってきたと考えます。

　生徒が主体となる学び，その中心となる場は授業です。今回の「学習指導要領」では第1章において紹介したように，数学的活動の充実が求められています。この数学的活動は，数学の授業における問題発見・解決の過程を遂行することになるとされ，遂行するのは生徒であることを認識するのと同時に，教師の役割は何かということについてしっかりと考えなければなりません。生徒の興味や関心を高めるような題材や教材，ICT機器の活用といったことについては，もちろん大切です。しかし，そういったことに偏ることで，生徒が数学のよさや楽しさを，実感を伴って感じることができる授業にはならないのではないかとも考えます。教室という空間においては，教師の働きかけはとても重要です。その働きかけの代表的なものとして

「発問」があります。この発問を研ぎ澄ますことで，生徒が何かに着目したり，数学的な考え方を発動させるきっかけとなったりします。教師からの指示は，簡単なことです。生徒が問題解決に向かっていく際の背中を押すようなやり取りが必要です。

第2章では，実践例を紹介しました。どの実践例においても発問が吟味されており，生徒の数学的な考えを引き出すような工夫がされています。もちろん，生徒が違えば反応も違いますので，あのまま一字一句そのとおりになることはないでしょう。教える授業から学ぶ授業へというのは，生徒が遂行する問題解決について教師がどのように刺激し，後押しできるかを考えることであり，その問題解決での数学的な考え方を教師が理解するとともに，それと連動する数学の態度について生徒の具体の姿で捉える必要があります。

教える授業からの転換は，教えないということではありません。教えるべきことはしっかりと指導すべきであると考えますが，生徒が見いだし，価値付け，自ら数学を創っていくことができるよう教師が何をすべきかを考えることが大切です。まさに，主体的・対話的で深い学びの実現について授業で考えていくことが，生徒が主役となる授業づくりにつながるのです。

(3) 教材研究と授業づくり

生徒が主役とする授業を考えるために，教師はどのようなことに取り組むとよいかと尋ねられることがあります。一言，「教材研究ですよ」と回答するのですが，この教材研究の捉えも様々なのかもしれません。教材を研究するということですが，教材とは何かと考えることがあります。広義で捉えると，教具や教育内容そのものも含んで考えることもあるようです。それらとは区別をして，國本（2000）は，ある教育目標を達成するために教育的に編成され，教授・学習活動を促進するための教育・学習内容とするとして述べています。

では，よい教材とは何かと考えますと，これもまた様々であろうかと思いますが，次の4つのこととして整理してみました。

○ 数学的な問題解決において，数学的に考えることへの興味や関心，意欲を喚起する
○ 数学的な考え方で問題解決できる
○ 数学的な考え方が明確に示される
○ 数学の有用性が分かるものであり，学習が一般化できるものや他の学習に転移できる

この4つについて共通するのは，生徒が数学的に考えることで問題解決するということです。本書で強調してきた学びへの"深まり"につながることです。

毎日の授業の準備をするときに，教科書を用いる場合，掲載されている数学の問題について教師が解くことができればよいということだけでなく，もし，生徒が数学的に処理をする過程

において，どのような数学的な考え方を必要とするのか，具体的に考えなければなりません。そうすることによって，問題解決の過程について考え，教師の発問によって生徒の数学をどのようにして促すのかを考えると思います。

　第2章で紹介した実践例において，決めた題材についてどのような流れで授業を行うかを考えるのではなく，生徒が問題解決するために，数学的にどのように考えることがよいかを検討することで授業に臨んでいることが分かります。また，数学的に説明することを重視した授業は増えてはきていると思いますし，実際に参観することもあります。そのときに，生徒は熱心に取り組むわけですが，その説明が数学的な問題解決にとってどのような意味があるのかを，教師が説明できないといけません。何か奇をてらったような題材を用意すればよいということでなく，教科書での題材であろうとも，自分で考えた題材であろうとも，そこに数学で考えることのよさがあることについて教師が説明することができなければ，数学的な考え方をもって生徒が問題解決することは想定しにくいのです。

　充実した教材研究がよい授業をもたらすとすれば，教材には，数学的に考えることのよさがあると同時に，それを教師が具体的なものとして捉えていることが考えられます。教材研究を進めるための視点は多くあると思いますが，問題解決において必要な数学的な考え方の具体について検討・吟味することに努め，授業づくりに取り組むことが大切です。このことが，生徒の学びの"深まり"につながるのです。

(4) 資質・能力は育成されたといってよいか

　実施された「学習指導要領」では，生徒たちに力の確実な育成を求めています。いわゆる，三つの資質・能力の育成です。そして，同時に資質・能力が育成されたのかどうかについて考える必要があります。いわゆる学習評価における「指導と評価の一体化」です。

　これまでも学校では，数学に限らず生徒の力を評価し，たえず指導の改善を行ってきました。しかし，今回の「学習指導要領」の改訂に当たって，これまでの学習評価について反省的に振り返り，今後の学習評価についての在り方が検討されてきました。

　中学校現場では生徒の進路にもつながることから，観点別学習状況を受けて算出される評定にばかり議論が偏っていないかどうか留意しなければなりません。生徒の学びを見取り，適切な場面で生徒へ適切なフィードバックを行うことで，生徒自身で学習状況を把握し，次の学びへと一歩を踏み出すことができる学習評価が求められています。

　難しいのはどの観点においても，評価基準（A，B，Cなど）をどのような基準で設定するかではないでしょうか。特にA，Bについては，生徒の数学的な表現によるところですので，判断も難しいと考えます。数学的な表現において，どのような視点で線を引くことで学習評価を考えていけばよいのでしょうか。

第2章での12の実践例において，生徒の数学的な表現を伴った説明などに対して，「おおむね満足できる状況」「十分満足できる状況」について，生徒の具体的な数学的な表現の違いで検討していることが分かります。生徒の記述や発言などにおいて，数学的には正しいことは認められる場合，さらに，よりよく表現していると明確に捉えることができる場合と，教師は生徒の数学的な表現の違いについて，授業での問題解決の方向性や学習内容と照らし合わせながら見極めようとしているのです。このことは，数学の授業における学びの"深まり"が強く意識されているからこそできることだと考えます。

　学習評価については，その都度考えるのではなく，単元での学習を見通して評価規準やそれを見取る（記録する）方法などを事前に考えておくことが大切です。つまり，学習評価を踏まえた指導計画の立案が必要です。その際には，学習途中の生徒をどのように認めるかといった形成的評価についても充実させたいところです。第2章で紹介をした12の実践例においては，指導の在り方だけでなく，どのような視点をもって学習評価に取り組むことが望ましいかについて，計画的に考えられていますので，参考になるのではと思います。

　学習評価は，生徒へのフィードバックだけでなく，教師の指導の在り方についてもフィードバックしてくれるものです。テストなど実施した際に生徒があまりできなかった問題があれば，自分の指導を見直すことにつなげることが大切です。「全国調査」の実施のねらいは，ここにあります。資質・能力を身に付けることを明確にした「学習指導要領」ですが，実際には生徒には身に付いていないことを学習評価として伝えることがあると考えられます。そのような評価に至ったことについて，生徒にのみ原因があるということでなく，教師の指導の改善について具体的に考えることの糧として捉え，指導の充実に努め，授業づくりに取り組む教師であってほしいと考えます。

〈引用・参考文献〉
・國本景亀（2000）「16　教材」，中原忠男編集『算数・数学科重要用語300の基礎知識（重要用語300の基礎知識5）』明治図書

お わ り に

　最後までお読みいただいたこと，感謝申し上げます。日本の教育は，学校現場の熱心な先生に支えられ，充実したものとなっていることは明らかです。「よい授業がしたい」と日々奮闘されている先生ばかりです。私が国立教育政策研究所で学力調査官を務めていたときには，そのような先生にたくさんお会いしました。一方で，学習指導要領の改訂など教育の変化に際して，とまどいや不安を抱えていらっしゃる先生もおります。今回取り上げた「主体的・対話的で深い学び」の実現について，その言葉だけが一人歩きし，教科教育で受け止めることが不十分なままに取り組まれているのではないかと心配でした。数学の授業において，何か特別な問題や題材を取り上げれば，深い学びのある授業となるということでなく，毎日の授業において主体的・対話的で深い学びの実現のための授業改善に取り組み，年間100時間以上ある授業全てが数学での"深まり"がある授業となることを願っています。

　主体的・対話的で深い学びについて，本書では深い学びから考えてみました。数学で問題解決をすることを考えれば，主体性も対話も具体の生徒の姿で考えると，全て数学での姿に結び付くものといえます。深い学びについて，ある程度の形として定義することは可能なのかもしれませんが，本書では形というより「問題発見・解決の過程の遂行」「数学的な考え方」の必要性を取り上げ，授業づくりへの向き合い方のようにして説明しました。学校現場では，教師の年齢層についても変化がみられ，今後の日本の教育を支える若い世代の先生が多くなっていると聞きます。授業がうまくいくかどうかを決めるのは，教職経験年数の違いだけではないと思います。数学教育をどのように捉えるのか，捉えた数学教育で生徒が主役となるような授業をどう創っていくのかということについては，どの世代においても共通の課題ではないでしょうか。本書では，数学の授業における学びの"深まり"をテーマにして，今求められている数学の授業とはどんな授業かについて，授業づくり，実践例をもとにして紹介いたしました。特に，第2章での12の実践例は，そのままやってみるのではなく自身でアレンジを加え実践してほしいと思います。これらの実践例を読み，授業したいと思っていただけたら嬉しいです。

　本書の執筆に当たり，実践例について協力いただいた12名の先生，様々アドバイスをいただきました明治図書の赤木恭平様には，最後まで支えていただきました。ありがとうございました。最後になりましたが，本書が全国各地のいろんな先生へ応援書として伝わり，読んでいただくことで，よい授業をたくさんしていただけたらと思います。

令和3年11月

佐　藤　寿　仁

【執筆者一覧】（第2章）

数と式

　　第1学年　金　　祐輝（岩手県遠野市立遠野中学校）

　　第2学年　内田　知代（岩手県盛岡市立上田中学校）

　　第3学年　和田　淳子（福岡県朝倉市立甘木中学校）

図形

　　第1学年　木暮　亮太（明星学園中学校）

　　第2学年　似内美奈子（岩手県立一関第一高等学校附属中学校）

　　第3学年　泉　　一也（秋田公立美術大学附属高等学院）

関数

　　第1学年　五十嵐　淳（埼玉県さいたま市立常盤小学校）

　　第2学年　仲村　晶子（沖縄県名護市立大宮中学校）

　　第3学年　小野　雄祐（宮城県仙台市立南小泉中学校）

データの活用

　　第1学年　稲垣　道子（岩手大学教育学部附属中学校）

　　第2学年　森　　裕司（岡山県瀬戸内市立邑久中学校）

　　第3学年　柴田　義之（沖縄県南風原町立南星中学校）

【編著者紹介】

佐藤　寿仁（さとう　としひと）

国立大学法人岩手大学教育学部准教授。

岩手大学大学院教育学研究科修了，岩手県中学校教諭，岩手県岩泉町教育委員会指導主事，文部科学省国立教育政策研究所教育課程研究センター研究開発部学力調査官（教育課程調査官）を経て，2021年より現職。

統計教育においてデータや資料の見方や考え方，確率を用いて事象を考え判断する授業の研究開発に積極的に取り組み，モデル授業公開を通して地域の多くの現場教員へ情報発信を続けている。また，生徒に伝わりやすいこと，社会での統計資料活用の授業開発研究などを意識し，統計を用いた根拠に基づく問題解決力の習得を指導するなど，統計教育に先進的に取り組み，高い評価を受けている。

2011年　第7回日本統計学会統計教育賞を受賞。
2014年　第29回東書教育賞　最優秀賞を受賞。
2015年　第65回読売教育賞　算数・数学部門優秀賞を受賞。

主体的・対話的で深い学びを実現する

中学校数学の授業づくり　New Theory & Practice

2021年12月初版第1刷刊　©編著者　佐　藤　寿　仁

発行者　藤　原　光　政

発行所　明治図書出版株式会社

http://www.meijitosho.co.jp

（企画・校正）赤木　恭平

〒114-0023　東京都北区滝野川7-46-1
振替00160-5-151318　電話03(5907)6701
ご注文窓口　電話03(5907)6668

＊検印省略　　組版所　中　央　美　版

Printed in Japan　　　　ISBN978-4-18-361028-7
もれなくクーポンがもらえる！読者アンケートはこちらから